# 制胜谈判

## 72战术应对博弈困境

游梓翔 著

中国友谊出版公司

## 第一章　开局战术

01　主场优势法　// 005
02　难以谋面法　// 008
03　军容壮盛法　// 009
04　深藏不露法　// 010

## 第二章　人选战术

05　迷人代表法　// 019
06　我要换人法　// 021
07　个别击破法　// 023
08　叫醒死人法　// 024

目录

## 第三章　设局战术

09　推倒重来法　// 031
10　最佳提案法　// 033
11　化零为整法　// 034
12　君子协定法　// 036

## 第四章　提案战术

13　彼路不通法　// 043
14　还要更好法　// 045
15　你比较贵法　// 046
16　先发制人法　// 048

## 第五章　出价战术

17　狮子张口法　// 057

18　阮囊羞涩法　// 059

19　大吃一惊法　// 060

20　避免爽快法　// 062

## 第六章　评价战术

21　负面信息法　// 071

22　死的说活法　// 073

23　苹果与梨法　// 074

24　两面俱呈法　// 076

## 第七章　吸引战术

25　好货没了法　// 085

26　低价吸引法　// 086

27　我搞错了法　// 087

28　验光师傅法　// 089

## 第八章　需求战术

29　另有对手法　// 097

30　游行花车法　// 099

31　可爱狗狗法　// 101

32　这就是你法　// 103

## 第九章　让的战术

33　做个口碑法　// 111
34　为你而做法　// 113
35　慢慢让步法　// 114
36　我会回来法　// 116

## 第十章　要的战术

37　意式香肠法　// 125
38　你也让让法　// 127
39　做了再说法　// 129
40　自说自话法　// 131
41　这是惯例法　// 133
42　必有例外法　// 135
43　升级套餐法　// 136
44　多要一点法　// 138

## 第十一章　议题战术

45　强调共识法　// 147
46　价值创造法　// 149
47　死鱼干扰法　// 150
48　小题大做法　// 153

## 第十二章　承诺战术

49　天堂支票法　// 161

50　白纸黑字法　// 163

51　以防万一法　// 165

52　唱盘故障法　// 167

## 第十三章　表演战术

53　请示上级法　// 175

54　黑脸白脸法　// 177

55　假装动怒法　// 179

56　假装受伤法　// 180

## 第十四章　关系战术

57　我是好人法　// 189

58　往者已矣法　// 191

59　充耳不闻法　// 192

60　顺着毛摸法　// 194

## 第十五章　知识战术

61　知识大赛法　// 203

62　铁证如山法　// 205

## 第十六章　情报战术

63　惜字如金法　// 213

64　试探气球法　// 215

## 第十七章　施压战术

65　你死我活法　// 223

66　给你负评法　// 225

67　我要走人法　// 226

68　设定时限法　// 228

## 第十八章　成交战术

69　餐后甜点法　// 237

70　各让一半法　// 239

71　最后提议法　// 240

72　多个选择法　// 242

第一章

# 开局战术

主场优势法
难以谋面法
军容壮盛法
深藏不露法

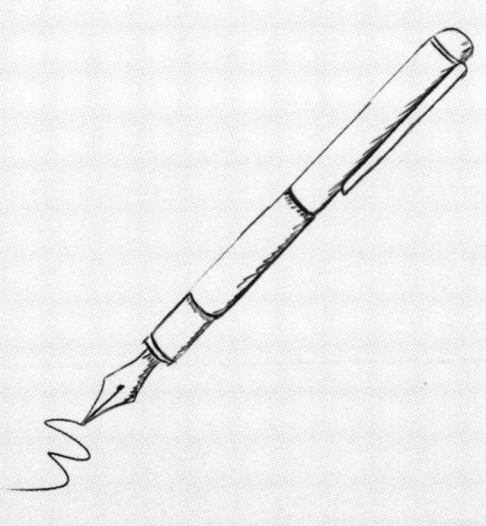

## 开局战术

在谈判中,我们经常会遇到这样几个问题:在什么地方谈判、在什么时间谈判、由谁来谈判。以上在谈判中被称为开局要素。

开局要素对谈判非常重要,它们决定着谈判双方谁将占据优势,尤其是在双方实力均等的情况下。

那么如何合理利用开局要素,让我们在谈判中占据优势?

本章介绍四个"开局战术":

主场优势法——先发制人,主动出击

难以谋面法——令对方"三顾茅庐"

军容壮盛法——展现出自己的实力

深藏不露法——伪装成"谈判小白"

## 01 主场优势法

何为主场优势？以球赛做类比，在比赛中，同一支球队主场的胜率往往都高于客场。

究其原因，其一是因为拥有"地利"之便。

虽然主客场的球和球场并没有本质区别，但在主场中，球场的格局方位，以及当中的设备，我们都了然于胸，而无需重新熟悉。在谈判中也一样，在主场里进行谈判，场地的桌子、椅子、电脑都是我们平常所熟悉和使用的，在一定程度上，我们的紧张程度会比对方更低，于是在心理上便先赢一等。

其二则是因为"人和"，这方面的优势更为重要。

在篮球比赛中，当客场球队开始罚球，观众就开始摇晃身体,并发出刺耳的噪音,从视觉、听觉上进行干扰。当球员罚球失败,他们还会发出巨大的欢呼,在心理上对客场球员进行施压。而当主场球员罚球时,所有的观众都会保持安静,以避免任何多余的声音干扰到主场球员。这便是"人和"。

在主场谈判中,我方将有更多的现场支持者,当他们都站在我方立场上发言时,就会形成类似上述篮球比赛中的场景。更有甚者,还会让现场人员进行串通布局,故意给对方施加压力。此外,制造时间紧迫感也是常用的手法,通过事先和同事约定,在某个时间进入谈判现场以"刚董事长有事找你"为由拉走我方谈判者,便会对对方形成时间压力。在谈判中,一旦对方拥有更高的心理压力,我方自然将占据优势。

其三,如果对方是长途跋涉而来,我方又将占据以逸待劳的优势。

因此,在谈判中,大多数人会希望能在主场进行谈判。当然,也可以进行反向思考,主动放弃主场优势,到客场进行谈判,这一招叫"深入敌营"。到了对方的场地,就可以通过观察来判断该企业的格局和竞争力;通过观察谈判者办公室的环境,推断对方在公司中所处的地位、性格。当我们"深入敌营",将有利于更深入了解对方信息。因此,对于抗压力足够强的谈判者而言,也可能借此取得优势。

在实战中,一旦决定采用"**主场优势法**",就要尽全力让

**对方到我方的公司进行谈判**。

当对方同意此事后，我们要做好以下几个问题的思考和准备：

1. 对方代表到达后，是直接进行谈判还是先带领他们参观公司？如果是后者，如何利用谈判之前简短的时间让对方快速地了解我们，通过企业的合作伙伴、市场业绩等让对方了解到合作的优势？

2. 谈判当中涉及的所有背景资料和相关信息，以及参会的主管和各个部门的人员是否都已准备就绪？

3. 谈判场地的使用时间是多久，是否需要让对方事先知道？

4. 我方能够进行谈判的时间是多久？接下来是否有另外的行程安排，以及是否会影响到谈判的继续？以上是否需要提前告知对方？

如果我们能够控制好这些因素，让对方在一定程度上先了解我方企业的优势和谈判的实力，并且能在谈判里面，掌控好相关人员、相关信息，控制住时间，那就能最大程度地发挥出主场优势。

## 02 难以谋面法

"难以谋面法"的典型案例,便是"三顾茅庐"。

刘关张三人去隆中请诸葛亮出山。第一、二次,诸葛亮都不在,刘备锲而不舍第三次求见,诸葛亮却在睡觉。诸葛亮和刘备便是谈判双方,诸葛亮整日游玩、睡觉,稳坐钓鱼台。而刘备不但冒着大风雪前来,看见诸葛亮在睡觉还不敢惊动,一直等到对方醒来。这场谈判中,诸葛亮不断在向刘备透露一个信息:我的选择很多,你对于我不是必要的。于是,诸葛亮占据了优势,他越是显得不在乎,刘备就越是诚恳。

如果刘备第一次去找诸葛亮谈判,诸葛亮就站在门口迎接说:"我已久候多时,我非常想做官。"甚至诸葛亮主动出山去找刘备,情况可能就发生了逆转。因为在谈判中,如果非常急于跟对方见面,甚至"急"到让对方觉得我们非他不可,那么在谈判一开局我们就已经处在劣势。

在实战中,**是否使用"难以谋面法"取决于双方市场竞争力的高低。**

在任何谈判之前,我们都必须评估双方在市场上的竞争力究竟有多高。如果我方竞争力相对有优势，那么就可以显示出市场需求高。比如，让对方知道我方行程相对较满、相对稀少，我方能安排时间见面克服了许多困难。反之，则不要使用，也没有本钱使用。

## 03 军容壮盛法

在《三十六计》中，第二十九计叫作"树上开花"。它的本意是说，一棵本来没有开花的树，通过人为地粘上假花，便可以以假乱真，迷惑他人。"佛靠金装，人靠衣装"，当自己的力量较小时，要善于借助其他因素来壮大声势。

"军容壮盛法"便是此理。在军事上，如果一支部队正步雄壮，气势昂扬，我们很容易认为其兵精粮足。**在谈判中，一个团队仪表出众、装备精良，人们的第一印象就会认为这是一个强大的团队。**

还有一个方法跟"军容壮盛法"有一点类似，即利用人的数量来压制对方，对方预期我方只会到场两人，到场却发现我方是八人团队，这种不在对方预期内的团队人数，会给对方造成更大的压力。这种方法被部分谈判专家称之为"聚众突袭

制胜谈判：72战术应对博弈困境

法"，也可以算是一种"军容壮盛法"。

反过来，如果遇到对方谈判者使用"军容壮盛法"，我们也要有清楚判断的能力：这个团队是否虚有其表？

## 04 深藏不露法

在周星驰的电影《食神》中，周星驰扮演的史蒂芬·周被唐牛打败，夺去"食神"称号。为什么唐牛能打败食神？因为他通过装傻装痴，一直隐藏在周的旁边，等周发现他原来深藏不露时，为时已晚。

在《三十六计》中，第二十七计叫作"假痴不癫"，意思是假装糊涂。就像武术中的醉拳，看着是个摇摇晃晃的醉翁，可是对方心中稍有松懈，立马一招就击中对方要害。在谈判中，我们也可以如此。

在谈判中，"深藏不露法"也非常重要，不要轻易暴露我方实力，而留在关键时刻，一招致命。具体做法如下：

1. **隐藏谈判实力。**

在与对方自我介绍的过程中，绝对不要暴露自己是"谈判高手"。一旦对方认为我方谈判实力特别强，自然会派遣出实力更出色的谈判团队，采用更强、更厉害的谈判手段。

2. **隐藏工作单位和背景。**

在有些谈判课本中，把这一招叫作"小店老板法"，大型连锁超市的总裁在自我介绍时自称是个杂货店老板，从而隐藏自己的实力。因为如果对方一旦知道他真实的总裁身份，就非常可能以"你方是财力雄厚的大公司，这个让步并不算什么"为由要求其让步。

## 小　结

"开局战术"一共为谈判者提供了四种具体的方法：

一是**"主场优势法"**：尽量在我方主场进行谈判，从而占据地利、人和的要素；

二是**"难以谋面法"**：传递给对方讯息，让对方知道我方在市场上的相对竞争力；

三是**"军容壮盛法"**：让对方不要低估、甚至最好高估我方的实力，让对方不要使用会导致双方相互毁灭的手段；

四是**"深藏不露法"**：它与"军容壮盛法"恰正好是两种相反的思维，希望对方低估我方，这样对方就不会使出浑身解数。

通过"主场优势法"、"难以谋面法"，可以帮助我们在谈判开局，建立起一定程度的优势，从而在谈判之中更容易取胜。在建立起我方的谈判优势后，可以进一步利用"军容壮盛法"、"深藏不露法"，来展现或是隐藏我方的实力，进一步扩大我方的谈判优势。

但在具体的谈判过程中，到底是应该显露出自己的能力？

还是在某种程度上隐藏起自己的能力？

做个简单的类比，在国际谈判中，小国通常会派出比较强势的谈判代表，因为大家会觉得小国军力不强，小国必须通过显露出自己的能力，才能让其他国家不敢轻易地做出对其不利的举动。而超级大国出去谈判时，则通常会派出比较温和的谈判代表，因为大家会觉得大国比较容易使用粗暴的方法去压迫对方，也会要求大国做出更多的让步。

类比到企业谈判中，也是一样的道理。**实力越弱，就越要使用"军容壮盛法"；实力越强，则越要使用"深藏不露法"**。人强马壮说不定只是虚张声势，其貌不扬也可能是在深藏不露。

所以，在谈判中，我们除了要根据自己的实力选择相应的战术之外，也必须多花一些时间来观察对手，判断对方到底是采用了那一种战术。

第二章

# 人选战术

迷人代表法
我要换人法
个别击破法
叫醒死人法

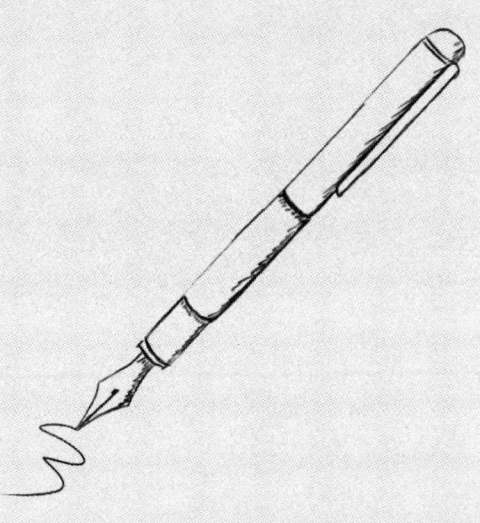

## 人选战术

谈判总是发生在人与人之间,有时是发生在个人对个人之间,有时则发生在团队对团队之间。在谈判过程中,所有参与本次谈判的人都被叫作"人选"。

选择谁来进行谈判比较有利?如何运用人选战术才能在谈判中占据上风?

本章介绍四个"人选战术":

迷人代表法——投其所好,猛戴高帽

我要换人法——摆脱难缠、强势的对手

个别击破法——巧妙利用对方内部矛盾

叫醒死人法——从不说话的人当中找到突破口

## 05 迷人代表法

谈判并不是完全理性的。在绝对理性的谈判中，双方只会计算得失，但在绝大多数的实际谈判中，感性总是存在着的。人总是希望自己是被尊敬和被喜爱的，如果我方派出的人选让对方谈判者感受到被尊敬和被喜爱，就可能使对方做出更多的让步。这就是"迷人代表法"的基本原理。

在《三十六计》中，第三十一计叫作"美人计"。在政治斗争中，面对实力强大的对手，就派遣西施、貂蝉等美女，先让对方松懈斗志。"迷人代表法"也是一种美人计，但却并不局限于容貌艳丽的"美人"。无论男性女性，只要他/她是有魅力的，能让对方喜爱的，并且能让对方愿意沟通的，都是"迷人代表"。

"迷人代表法"有时也被叫作"猛戴高帽法"。有个神话故事说，因为凡人最爱戴高帽，于是有两个小神仙准备了一百顶高帽到凡间卖。结果还没下凡就被关帝爷抓住了，小神仙就说："您是过五关斩六将的关云长，凡人不像您高风亮节，自然需要戴高帽。"关帝爷中了"猛戴高帽法"，就把小神仙放了。可见，人一旦得到赞美，心智就会松懈，不理性的让步就可能发生。即使是关云长也会中计，更何况普通人。所以，**在谈判中，不仅可以派出"迷人代表"，还可以让他/她不断赞美对方。**

当然，这在实战中会有一定的难度：

一是需要找到一个"迷人代表"，不只是外形具有魅力，还要具备良好的沟通能力。

二是在夸奖对方的时候，还要让对方不觉得这些夸奖是策略，这就需要我们更用心地去了解谈判对手，从而对症下药，让对方感觉到我们的诚意。

比如，对方认为自己是个严谨的人，我们就可以夸赞他："我参与过这么多年这么多回谈判，从来没有遇到一位代表，能像您这样在谈判之前，把相关的事实查得这么清楚，还自己回去一条一条地看，我太佩服您了！"对方就可能高兴地说："我这个人向来就是这样。"当这个赞美精准地针对了对方的长

第二章 人选战术

处、喜好，对方便很难察觉到我们在使用"猛戴高帽法"。

同理，在谈判中，当遇到对方派出我们很喜爱的人选的时候，也需要产生警惕，不要因为对方称赞了两句，或是因为和对方交谈很愉快，就做出过多的让步。

## 06 我要换人法

在警匪片中，常有这样的剧情：在查案的警察眼看快要接近真相时，却被调查对象暗中诬陷，被上级撤换掉，无法继续追查。这就是"我要换人法"。

在谈判中，如果遇到能力很强的谈判对象，我们就可以跟对方说："我不满意你们的谈判代表"。这时，对方企业可能会怀疑自己是否派错了人选，从而换掉这个重要的谈判代表，这样一来我们就占据了上风。

在《三国演义》的赤壁之战中，曹操就中了东吴的"我要换人法"的计谋，把麾下将领蔡瑁、张允替换掉了。而这两人正是曹操军队中仅有的两名会打水战的将军。这两位将军被换掉后，不善水战的曹操直接一败涂地，输掉了赤壁之战。

因此，在实战中，当遇到一个很难缠或是担心会很难缠的谈判代表时，我们就可以使用"我要换人法"。具体的方法如下：

**1. 从对方上司着手。**

对方的上司领导可能也很精明，不会盲目听从我方的意见。我们可以找个机会先拜访这位上司，比如使用"猛戴高帽法"让他对我们产生好印象，从而获取对方的信任，来帮助我们达成"换人"的目的。

**2. 不要直接说坏话。**

跑到对方上司面前，直接去说某人的坏话是不可取的，我们可以通过夸赞所希望面对的谈判对象来达到目的。比如说："高总，我们并非对 A 经理有不满意，只是 B 经理跟我们过去有过沟通经验，相信我们跟 B 经理再次合作能双方沟通更加顺畅。"

## 07 个别击破法

在谈判中，如果发现对方团队内部出现矛盾或不同意见时，我们就可以运用对方团队当中的不同意见来让对方自相残杀，这就叫作"个别击破法"。

在日常生活中，我们也会遇到相同的情境。比如，一对夫妻一同去买车，无论销售员说出什么优点，妻子都会立刻反驳，以借此帮助丈夫杀一个好价钱。这时销售员该怎么办？一个非常有效的办法就是寻找这对夫妻是否存在不同意见的分歧，以采用"个别击破法"。如销售员拿出一本汽车杂志用来佐证这辆车非常省油，妻子还来不及反驳时，丈夫就已经回答："这杂志我看过，这辆车确实非常省油。"这时，夫妻双方的意见就产生了分歧，销售员就可以说："太太，您先生是真的很懂车！我们这车是真省油。"于是，丈夫就变成了销售员个别击破的对象。

在谈判实战中，"个别击破法"的**难点在于如何发现甚至创造对方团队的不同意见**。有时这个分歧很明显，比如对方有两个人抢着讲话，甚至还产生了争吵；但有时却又非常隐晦。

我们可以采用下述两种策略：

**1. 搜查场外观点。**

如果我们在某处查到了对方某位代表，曾经在其他地方说过与对方团队不一致的意见，我们就可以引用这个意见。当对方面对自己人所说过的话，就很难进行回应和反驳，我方自然就占据了上风。

**2. 引导多人讨论。**

要让"个别击破法"发挥出最大的效果，一个关键的原则，就是让对方有更多的人针对更多存在争议的敏感议题说话。说话的人越多，出现不同看法或矛盾的可能性就越会增加。

这样一来，我们就可以采用下文即将介绍的第四种"人选战术"——"叫醒死人法"。

# 08 叫醒死人法

"叫醒死人法"便是设法让对方团队中还没有在谈判中说过话的人开口。**当这些不说话的人开口时，我们就可能制造出个别突破的空间**。因为有时，不说话的人一开口就有可能说出跟他们主要谈判代表不一样的观点。

在谈判中，我们可以观察对方的团队，在那些不说话的人中是否有人在用眼睛说话。当我们正在说一件事的时候，突然发现对方团队中某人的眼神和表情表示出认可，哪怕他只是微微点头，我们就可以借机说："哎，你们团队中这位朋友好像很懂我正在说的这件事，你要不要告诉大家一下你的看法？"如此一来，这位本来不说话的人就很有可能说话，从而出现个别击破的空间。

在上文中夫妻一同买车的案例中，如果两人一直没有出现明显的分歧意见，销售员就可以使用"叫醒死人法"来让丈夫说话："这位先生，这个车主要是你要开的吧，要不你来说说看？"这时，一直没有发言的丈夫很可能开口就说出了有利于销售员的话，从而被销售员个别击破。

## 小　结

运用"人选战术"，具体有如下四种的方法：

一是**"迷人代表法"**：派出令对方喜爱的迷人代表，赞美对方，让对方心智松懈；

二是**"我要换人法"**：换掉对方实力较强的谈判代表，换成对我方更为有利的人选；

三是"**个别击破法**"：利用对方团队当中的不同意见来让对方自相矛盾，逐个击破；

四是"**叫醒死人法**"：设法让对方团队中没有说过话的人开口，创造个别击破的机会。

在具体的谈判中，"人选战术"的多种方法可以进行组合使用。

一般我们会首先使用"迷人代表法"，派出"迷人"的我方代表，去充分地赞美对方，从而创造和谐愉悦的谈判氛围。同时，我们也要观察对方派来的代表，如果对方的代表实力很强，很难搞定，这时就要用"我要换人法"，来让对方派出一个让我方更为满意的代表。

如果对方拒绝换人，我们再启动"个别击破法"与"叫醒死人法"，尽可能地让对方团队中的每个人都说话，在其中寻找到不同意见或矛盾。甚至有时在对方内部吵架时，我们还可以选择站在对我们更有利的一方说："哎，我觉得不是哦，我也同意你们这位经理的看法，他的看法其实就是我刚刚想表达的看法。"这样一来，就能运用对方团队中的某个人来对付其他跟我们意见不一样的人。

当我们灵活组合使用这四种"人选战术"时，就可以取得更好的谈判利益。

# 第三章 设局战术

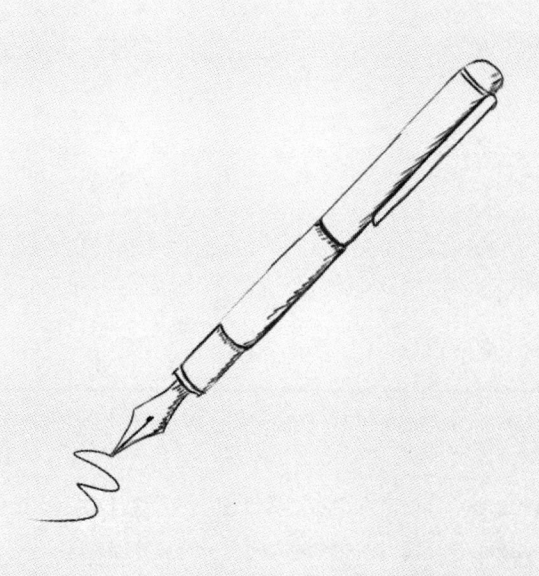

推倒重来法
最佳提案法
化零为整法
君子协定法

## 设局战术

"设局战术"并不是设置陷阱,而是设置谈判的游戏规则。在谈判中,经常会遇到对方说:"这已经是我能给你最好的价钱了,别还价了。"这时,对方就是在试图设置游戏规则——不让你还价。

如何设置对自己有利的游戏规则?又如何处理对方的游戏规则?

---

本章介绍四个"设局战术":

推倒重来法——死守底线,不做轻易让步

最佳提案法——开门见山,不留余地

化零为整法——若干议题组成一个完整的提案

君子协定法——巧用抽象协定给对方挑错

## 09 推倒重来法

在谈判中，经常会经历数轮的谈判。假设我方售卖某个商品的起始价格是1000万，底线价格是500万，在第一轮谈判中，我们已经和对方从1000万谈判到底线的500万，可对方并没有当场做出决定，而是约定隔日再谈。在第二轮谈判中，对方直接在500万的基础上继续谈判，希望迫使我方做出更多让步。这时，我们就要使用"推倒重来法"，推翻上一轮的谈判结果，重新从1000万开始谈判。

以现实生活常发生的情境为例。一对年轻夫妻想要买一套房，首先丈夫出面谈判，与销售人员从400万谈判到380万，签字时丈夫说："不好意思，我的老婆要明早才能来，明早来了我们就签约。"第二天妻子来后说："这个房子怎么才少了20万？最近房市不好啊，你给我们360万，我们就买了。"于是第二轮谈判中，房子价格再次被"杀"掉20万。甚至还会继续有家长出面，以360万为基础继续第三轮谈判。

在谈判中，如果让对方连续派多个不同的谈判代表来谈判，并且每一次都从上次谈判的底线开始谈，我们就会在连续的谈判中做出超出底线的让步。所以，务必注意在新一轮谈判中，**不要从上次的底线继续谈判，而要重新从上次的起始价格开始，这就是所谓的"推倒重来"**。

因此，上述案例的销售员应该在第一次丈夫决定拖延时就说："非常欢迎，不过你老婆来的时候我们的定价是400万噢，如果我们谈得好的话，我当然愿意给你夫人一样的折扣。"

在实战中，我们使用"推倒重来法"时，可能会遭遇对方强烈的反对甚至翻脸。这时我们就可以告诉对方："其实昨天我能让到这个价格已经非常不容易，已经超出我们公司给我的权限了。"这时如果对方还是不退让，我们就继续告诉他："昨天那个价格已经非常好了，我之所以今天愿意跟您再谈，是因为您是一个非常有诚意的人，我也非常有诚意想要跟您做成这笔生意，但是昨天的价格实在不能让了，如果你还要让，您现在马上签字，我跟我的上级请示一下，看能不能再给你一个达成协议的优惠的条件。"

"推倒重来法"的关键在于死守住底线的天花板。对方想要突破底线唯一的机会，就是在他愿意立即成交的情况下，在天花板上多开一个小天窗。

# 10 最佳提案法

在谈判中，对方很可能会直接告诉我们，现在给出的提案是尽他努力后所能给到的最佳提案。意思是说，这个价格已经是最低价，已经没有任何的谈判空间。这就是对方在运用"最佳提案法"。

在劳资谈判中，"最佳提案法"是非常有名的。美国通用电气公司的前副总裁博尔韦尔就经常在跟劳工谈判时使用："我们不必在这浪费时间，我直接提出最好的提案，你们要么接受，要么离开。"

很多企业现在都会使用这一战术，这个战术曾有一个更简单的名字叫作"本公司是不二价"。比如，这些企业会说："我们给的是最好的价格，如果你有办法在市场上找到另外一家，它的价格比我们更低，我就立刻跟进那一家的最低价。"

在日常生活中，也处处可见这样的"最佳提案"。比如，我们会在一些超市看见这样的说明："周边几公里内，如果有大型超市的商品价格低于本超市，本超市将补偿几倍差价。"

当我们遇到对方使用"最佳提案法"时，该如何破解？

**1. 另辟议题**。

首先千万不要轻易接受这个最佳提案。因为，对方给出的最佳提案中所提及的内容，往往不会涵盖所有我们关心的议题。所以，我们仍然可以在这个提案之外，找到别的议题要求继续谈判。举例来说，如果对方能给到我们最好的价格，我们仍然可以就送货时间、赠品、配件等进行谈判。

**2. 掌握充分信息**。

通过搜集资料，推翻对方的最佳提案。通过对比类似规模的公司、行业，寻找到市场上存在的近似甚至更好的提案，从而使对方给出更好的提案。

# 11 化零为整法

在谈判中，一个大的提案中经常又牵涉到许多小的提案，这些小的提案就叫作"议题"。

比如，我们去买车，买车就是最大的提案，而买车又会牵

涉到交车时间、保修年限等各种议题。我们可能已经和销售员就配备、价格这些议题达成了共识，可这时原本满意的颜色没有了，我们就无法和对方在最后"颜色"的议题上达成协议。

这时我们就可以使用"化零为整法"。如果十个议题中已经和对方就九个议题达成共识，但第十个议题对方始终不愿意让步，我们就可以返回再修改前面的九个议题，比如就配备、价格等方面进行修改，在这九个议题中争取更大的权益。

**最终是否要接受一个提案，要从整体上做出判断**。只有当所有我方的条件通通达成协议，成为一个议题的组合，才能完成这整场谈判，这就是"化零为整法"。只要有一个议题没有达成共识，我们就可以对已经达成共识的其他议题进行重新谈判。

## 12 君子协定法

在谈判之前，我们可以先和对方约定好谈判过程中的一些基本原则。比如双方事先约定好在谈判中间一定不说谎话，坚决不对对方进行人身攻击，一定努力地寻求双赢的结果，那么就和对方达成了"君子协定"。如果对方在谈判中违背协定，使用了一些恶劣的手段，我方就可以根据先前协定的内容对对方进行限制，从而占据优势。

因为谈判前还没有牵涉到具体的提案与议题，让对方答应此类抽象的协定，往往都很轻松。但是在具体的谈判中，这些先前的协定就可能成为迫使对方让步的某种理由。比如双方约定寻求一个双赢的结果，结果在谈判过程中，对方并没有给到双赢的提案，反而狮子大开口，我们就可以借此让对方让步。

君子协定并不局限在谈判前与对方协定，也可以是对方曾在某个广告或某个宣传文件里，提到"我们的企业是个什么样的企业"，这也是一种君子协定。在谈判过程中，我们就可以引用这部分内容说："我之所以选择与贵公司合作，就是因为看在贵公司在标语里说：本公司一定以客为尊，一定让所有客户百分之百满意。而我现在就是没有百分之百满意,这一点如果你能让步,我才能算是百分之百满意。"这时,对方就很难不对我们做出回应。

在实战中有最常见使用"君子协议法"的情况有两种:

1. **针对谈判的态度**。

在面对喜欢使用粗暴式、压迫式谈判手法的对手时,事先约定:"我们希望一切的谈判都用相互尊重的方式进行。"这时就可以限制对方。

2. **针对谈判的内容**。

在面对坚决不做让步的对手时,事先约定:"我们的谈判要遵守公平原则,如果谈判都是我方让步,抱歉我不能进行谈判。"

# 小　结

"设局战术"具体有如下四种方法:

一是**"推倒重来法"**:在多回合谈判中,不要以上次谈判的底线价格继续谈判,而是要以初始价格重新开始谈判;

二是**"最佳提案法"**:即使对方表示给出的是"最好提

案",我方仍然要在提案之外找到更多的议题进行谈判,为自己创造更多的利益;

三是**"化零为整法"**:将一个完整的提案拆分成多个具体的议题,通过提升各项议题的价值,从而将整个提案最大利益化;

四是**"君子协定法"**:在谈判之前,先和对方约定好谈判过程中需遵循的基本原则。

其中,"推倒重来法"和"最佳提案法",可以避开对方的"一口价"陷阱,将我方的被动局面巧妙转化为主动局面,重新赢得谈判场上的主动权。

当然在谈判过程中,我们也会遇到对方先前答应的要求,之后却没有兑现的情形。为了降低这种情形发生的可能性,就要运用"君子协定法",在谈判之前和对方约法三章,对于谈判对手形成一定的约束。但在谈判中,也会遇见一些不可抗力的客观因素,致使对方先前答应的事项无法做到。此时,我们可以采取"化零为整"的策略,将提案化成具体的议题,当其中一项议题无法达标时,可以提升其他议题的价值,帮助我方提高整体提案的价值,以保障我方的利益。

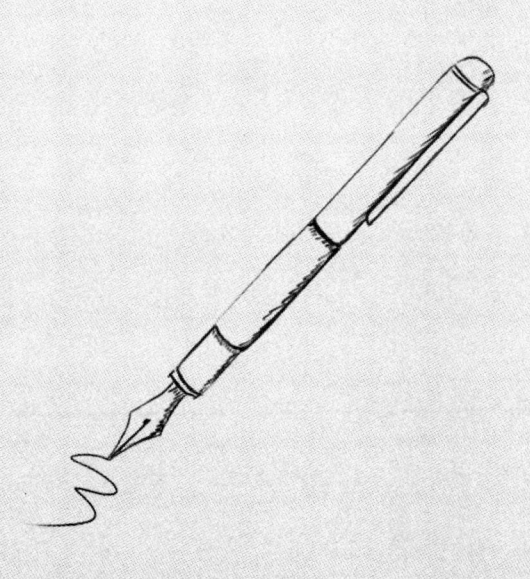

## 第四章
# 提案战术

彼路不通法
还要更好法
你比较贵法
先发制人法

### 提案战术

　　谈判通常都是由某一方提出提案来作为起点的。对方提出的提案总会有我方不能接受的地方，我们就会希望对方能够做出一些让步。但是对方出于自己的利益通常并不会同意让步，这时我们可以使用"提案战术"，让对方愿意拿出最好又最划算的提案。

本章介绍四个"提案战术"：

彼路不通法——扬长避短，塑造提案的唯一性

还要更好法——要求对方给出更好的提案

你比较贵法——虚张声势，营造已有更优备选的假象

先发制人法——抢先占据对己方更有利的定锚点

## 13 彼路不通法

"彼路不通法"又叫作"唯一选择法",即在谈判中告知对方:"其他的提案相比我这个提案,都不算是提案,只有我的这个提案才是你唯一可以走得通的路!"

笔者曾经在美国亲身参与过一次谈判,其中的销售人员就使用了这个"彼路不通法"。当时,我和几个朋友一起去购买一辆大众的甲壳虫,试车之后我们就对这个销售人员说:"不好意思,在我们的这个清单上还有一款车得去看一下,才能做决定是否买你的这款车。"这位销售人员当时就问我们说:"你们介不介意告诉我,你们想看的另一款车是什么车呢?"

"ZUZUKI铃木,价钱差不多,但是车子比较大。"

"什么？你们要去看铃木？你有没有开玩笑？你们居然不买德国生产的大众？而要去买日本做卡车、做摩托车的铃木，天哪，你不要开我玩笑好不好？"

这时，他就是在使用"彼路不通法"，告诉我们铃木不是我们的选择，我们唯一能选的就是大众。如果我们的回答是奥迪，他也可以说："奥迪？在我看来你们几位是留学生吧，留学生应该没有赚钱吧，花的是你们爸妈的血汗钱吧？那买什么奥迪呢？奥迪除了外面一些内装看起来比较高级之外，里面的设计跟咱们大众是一模一样的，所以还是买大众吧，不要买奥迪浪费你爸妈的钱了。"

有人也会将这种方法叫作"俄国前线法"。意思是将军为了让士兵服从自己的命令，就会对士兵说："如果你不听我的，我就要派你到俄国前线作战。"因为到俄国前线作战，需要在冰天雪地里长途跋涉，饥寒交迫，很少有士兵愿意去，所以通常将军用了这一招之后，士兵就会按照将军的吩咐做事了。换句话说，士兵只有两条路，一条路是通往条件艰苦的俄国前线，另一条路则相对容易得多，只要听从将军的命令即可，于是选择哪一条路，不就非常明确了吗？

在实战中，使用"彼路不通法"，最关键的就是**我们必须了解对方到底有哪些选项，以及其中的每一个选项对于对方的好处和坏处**。在此基础上，我们才能根据每一个选项的优势和劣势，给出一个"唯一提案"，让对方知道只有选择这个提案，他才能获得最大的利益。

# 14 还要更好法

在对方给出提案之后，我们不要提出其他相对的提案，直接在对方提案之后说一句："这是你能够给我们的最好的提案吗？如果不是，再好一点吧！"这就是"还要更好法"。

据说，这一招来自于美国前国务卿基辛格。基辛格有一个习惯，如果他命令部属或幕僚写个报告给自己，他通常是不看第一版报告的，而是会把写报告的人直接叫来，问："如果我再给你一天，这个报告可以写得更好吗？"通常，他的部属一定说："还可以更好。"当第二个版本交上来的时候，他还会继续问："如果我再给你半天，这个报告能写得更好吗？"部属通常还是会说："可以！"最后基辛格只看经过这一天半之后改好的第三版报告。后来基辛格的这一做法就被称为"还要更好法"。

这招背后的原理就是**通过要求对方提供更好的提案让对方让步**。如果对方的功力不够深，有时就会在谈判中做出单方让步的行为。

但如果在谈判中遇到对方使用"还要更好法",我们每一次提出的提案,对方都要求更好一点,该如何应对?

**1. 了解对方底线**。

直接询问对方:"那你希望多好呢?"如果对方想要的"更好"是我们不能接受的,我们就可以立刻拒绝。如果在我们的可接受范围内,就直接以此价格做谈判,无需再玩"还要更好"的游戏。

**2. 绝不无原则让步**。

如果对方的"还要更好"已经非常接近我们的底线,我们就必须告诉对方:"我还可以再好一次,但你必须成交。"以成交或者对方的某个让步作为我方提供更好提案的条件。

## 15 你比较贵法

当对方提出提案后,我们可以告诉对方:"我曾经在别的地方听过比你更好的提案。"这就是"你比较贵法"。这一招非常常用,但如果用的不好,通常效力不高。

在谈判中,如果你使用"你比较贵法",对方很容易反问:"既然你在其他地方可以买到更便宜的产品,那你为什么要来找我?"可见,光是告诉对方别的地方更便宜,其实是很难说服对方的。

而真正懂得运用"你比较贵法"的人,通常会**在告诉对方"别的地方比你便宜"后,一定会给出一个"我为什么买你的"的理由**。比如"我来找你买,是因为你离我比较近"、"朋友介绍"、"看得顺眼"。告知对方我选择你并不是因为你更便宜,而仅仅是因为距离近、朋友介绍等很容易改变的原因,如果你不降价,我就会离开。当然,我们务必不能给出心中的真实理由——喜欢。

虽然使用"你比较贵法"时,我们也需要对市场行情有一定的认知,但"你比较贵"并不一定是真的,我们完全可以是虚张声势。大多时候,并不是我们事先知道他比较贵,而是在我们告诉对方之后,对方会用后续的动作确认我们的判断。

## 16 先发制人法

在谈判中做到先发制人,有一个显著优势:一旦当我方先行提案,就相当于在某个价格上定下了一个锚,从而产生**定锚效应**,所有后续的谈判都会围绕着这个"锚"来进行。

在许多谈判书中,都提出要使用"先发制人法",但也有一些谈判专家并不认同,他们认为应该等对方先给出提案,我方先不要亮牌,这种提倡后提议的战术被称为"你先说说法"。既然有人主张"先发制人法",有人主张"你先说说法",那到底谁对呢?

大部分的谈判专家,在这两个方法之间通常是这样判断的:如果对于相关的市场行情、产品/服务的价格、提案的水平有充分信息,那就使用"先发制人法"。反之,则用"你先说说法"。

比如某位教授要被邀请去做一场演讲,邀请方询问教授课酬多少。如果这位教授对于各种不同课程的课酬数字了如指掌,那当然要先开口,因为他一开口,对方即使想还价,也会围绕这个价格进行谈判。反之,如果这位教授并不清楚市场,就可以反问对方："你们的预算是多少？你先说说看吧。"所以在实战中，采用哪种战术，关键在于我们对市场行情是否有充分的理解认识。

那么当教授心理目标价格是2000元时，教授是按2000元给对方报价，还是该按高于2000元进行报价，如果高，又要高出多少？

由于我们在谈判中必须展现出可以商量的态度，因此我们至少要给对方一些谈判的空间，所以报价时垫高10%、20%是很常见的。教授如果采用"先发制人法"时，就可以报2200元。而如果教授采用"你先说说法"，对方刚好报出教授的目标价格2000元，但也要知道对方提供的价钱是存在谈判空间的，所以这时教授可以回答："哎呀，这比我心理预期要低了一点。"

所以，无论采用哪种战术，大部分时我们都不必完全告诉对方，自己的目标价格是多少。

## 小　结

"提案战术"具体可采取下述四种方法：

一是**"彼路不通法"**：告诉对方自己所提供的提案，是对方能够选择的唯一提案；

二是**"还要更好法"**：在对方给出提案之后，要求对方继续给出更好的提案；

三是**"你比较贵法"**：在对方亮出价格后，假装自己拥有更低的价格选项，从而让对方让步；

四是**"先发制人法"**：先于对方出价，以抢占有利于我方的定锚点。

在大多数的谈判中，提案是十分简单的，比如一个产品或一项服务加上一个价格就可以组成一个提案。但有的谈判，提案是非常复杂的，比如某家公司要买下另外一家公司的收购案，提案就会涉及原有商标品牌的处理、原有公司员工的安排、两家公司合并后的董事会重组等复杂的议题。

但无论提案的大小，我们都可以利用"提案战术"，去取得更有利于己方的提案。运用好"提案战术"，关键在于一个"巧"字。要让对方接受我方的提案，可以使用"彼路不通法"，巧妙地放大自己提案的优势，并带出其他提案的劣势，从而让对方感觉到唯有选择我们的提案，才是最划算的。相反，面对对方给出的提案，就要利用"还要更好法"，让对方不断去优化提案，直到令我们满意为止。

那在具体的谈判中，究竟哪一方应该先给出提案或先行报价呢？

当我们对市场行情谙熟于心时，就要去抢先报价，将价格定在有利于我方的范围，即"先发制人法"；当我们对市场行情没有把握时，也可以利用"你先说说法"，让对方先出价。

如果对方的报价比较昂贵，我们就可以运用"你比较贵法"，在说明自己有更低价格的选项时，也要带出选择对方的理由，从而巧妙地进行砍价。

第五章

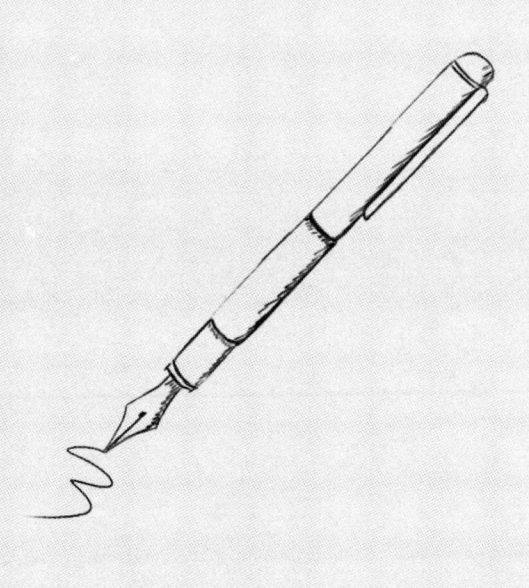

# 出价战术

狮子张口法

阮囊羞涩法

大吃一惊法

避免爽快法

### 出价战术

在许多谈判中,我们经常会遇到讨价还价的情况,有时是对方已经出好价格,我们进行砍价,有时是双方互相出价、砍价。这一章节我们要介绍的"出价战术",可以应用在所有买方卖方彼此出价的场合。

本章介绍四个"出价战术":

狮子张口法——坐地起价,震撼开场

阮囊羞涩法——压低价格,试探对方

大吃一惊法——对方一出价,你就很惊讶

避免爽快法——放慢让步的节奏

## 17 狮子张口法

在谈判中,为了扩大谈判的空间,为了方便在之后的谈判过程中让步,我们最好在第一次开价时,就把价格抬高或压低,这就叫"狮子张口法",也叫作"震撼开场法"。类似中国古话中的"坐地起价,就地还钱",意思是我们第一次给出的价格,会让谈判对手感到震撼:"啊,你居然能够出一个这么高/低的价格!"

比如,你要卖掉一辆二手车,心理价位是10万,但在出价时通常会变成20万甚至30万,让对方得到杀价的空间,也让自己得到让步的空间。一旦对方说:"这个太贵了",我们就回:"好吧,20万你负担不起是吧?那15万!"。这样就在谈判的过程中，制造出了5万的让步，对于对方是一种诚意，但对于自己仍是高于心理价位10万的。这就是"狮子张口法"的具体运用。

在谈判中，我们也会遇到对方使用"狮子张口法"。这时，就要看原来的价格和成本是多少，如果对方严重偏离了应该谈判的最终价格的话，我们就可以拒绝继续谈判。同理，如果我方"狮子张口"张得太大的话，也可能会吓走对方。

因此，当我们要使用"狮子张口法"必须遵循这两个原则：

1. **有根据依托。**

要让我们的"狮子张口"有效，必须有一定的理由。比如，明确告诉对方我曾在何年何月何日跟何人做过这样的交易。即使这中间隐藏了品牌、规格、行情变动等信息，但我们已经为"狮子张口"找到一定的合理性。

2. **了解市场行情。**

比如，我们知道一件商品的成本是70元，双方预期的价格是80元左右，卖方就可以定价100元，买方就可以喊价50元。这样，无论作为卖方还是买方，都是在一个合理的区间内进行"狮子张口"，那么就更有可能以预期的价格达成交易。

## 18 阮囊羞涩法

"阮囊羞涩法"又叫"哈巴老妈法",来自一句美国歌谣,大意是:"哈巴老妈想请人吃东东,可厨房空空。"因为自己囊中羞涩,口袋空空,就自然要让对方想办法把价格压低一点。

当然有些卖方比较聪明,他会说:"你口袋里没钱是吧,这个比刚才那个便宜。"或者提供分期付款,让买方能够用现在的预算就能买到。但如果我们准备用"阮囊羞涩法",就必须拒绝对方任何的这种安排。一旦我们同意,"阮囊羞涩法"就被对方给攻破了。

"阮囊羞涩法"就是明确告诉对方:"我非常热爱你的产品,而且就是这一款,可惜我预算不够,也不想分期付款。"这也算是一种"试探气球"。当我们这么说的时候,就要开始注意对方的回应。如果对方回应得义正词严,非常快速且坚定,就可以判断对方可能已经没有降价的空间,但如果对方产生了犹豫,我们就通过"阮囊羞涩法"成功地测试出对方是有降价空间的,甚至对方有可能在使用"狮子张口法"。

使用"阮囊羞涩法"也要注意一个原则,**不要让对方认为**

**我们根本不是他的潜在客户**。必须告诉对方："我想买,而且也准备好了一定的费用。"比如,我可以买得起国产的,但我现在想买进口的,在此基础上再通过这个方法,测试对方是否还有还价的空间。

## 19 大吃一惊法

这个方法很简单有趣,有一个非常好记的口诀:"对方一出价,你就很惊讶。"

"老板这多少钱?"

"500!"

"什么?500!"

无论对方报什么价格,我们都大吃一惊表达:"太贵了,我对这个价格完全没有预期。"这一战术其实跟"阮囊羞涩法"有一点像,可是更坏一点、更狡猾一点。

**"大吃一惊法"**的诀窍在于谈判者的演技。要发挥大吃一惊的效果,我们要表现得真一点,演得要像一点。事实上,一个谈判高手完全不应该真正感到大吃一惊,如果遇到任何价格都是大吃一惊的反应,那说明事前一定没有做好充分的准备。

但是由于对方并不一定知道我们是谈判高手还是素人，这时候就可以运用"假痴不癫法"隐藏一下，再用"大吃一惊"的反应，来让对方感受到我方的"阮囊羞涩"。

"大吃一惊法"不仅可用于日常买卖中，在企业采购中也同样可以使用。如果在谈判中，我们采用"大吃一惊法"，对方一般会有哪些反应呢？主要的反应大概有两个：

1. 对方确实受到了影响，会认为我们对于价格是没有心理准备的，而这正是我们希望达到的。

2. 对方也可能不为所动，告诉你这个价格其实是很划算的，他不但不被我们的"大吃一惊"影响，甚至还会继续说："要不是今天打特价，原价还要高很多呢。"

但如果反过来,我们被对方使用"大吃一惊法",就必须采用第二种反应。不仅要不为所动,还可以找出价格的依据,让对方相信这个价格是合理的。

## 20 避免爽快法

在谈判中,千万不要一听到对方的出价或提案,就立即接受。即使我们打算接受,也一定要挣扎一下,思考一下,绝不可以爽快地答应。因为我们一旦爽快答应,对方就会落入"赢家的诅咒"中,他就会想:"我赢得太快了!好像我可以赢得更多才对。"

比如,你是一个企业的高管,一位员工要求加薪,这时你心中一定得盘算:这个员工现在的薪水是多少,他可能要多少?假设他现在的薪水是4万元,而你的预期目标是4.5万元。但你并不知道这位员工究竟要涨薪多少,就可以采用"你先说说法",来询问员工想要的薪水。

如果员工表示要4.2万元,我们一听在心理预期之内,就非常爽快地答应了。这位员工一离开办公室,一定会拍一下自己的脑袋:"哎呀,我怎么只要4.2万元呢?领导一下子就答应了，为什么不要更多呢？"

而这正是"避免爽快法"要去避免的情形，我们不能让一个赢家一走出门，就觉得自己赢得不够。所以，在这位员工提出4.2万元时，我们可以说："你来还不到一年是吗？不到一年就加薪，在我们公司不常发生哦。而且你也知道最近市场不太景气，加薪比较难办呀。"

或者还可以借由加薪，去激励员工："我来看看你这几个月的表现吧。你刚来的时候那几个月表现不错，但最近这一两个月是怎么回事啊？"等听完他的解释后，我们再装作勉为其难的样子，去答应他："不过你前几个月的表现还是不错的，你刚说要我加多少？4.2万元是吧？千万别说出去哦！我就给你4.2万元，但我们公司很少有不到一年就加薪的。"

当我们这样跟这位员工说的时候，员工就知道这2000元的价值是不一样的，所以他离开了办公室后，就不会觉得自己要得太少了。

**在实战中，"避免爽快法"最核心的原则就是要冷静，所有的让步都要放缓变慢**。只有这样，才不会送出一种对方要得不够的感觉。

反之，当对方采用"避免爽快法"时，我们心里必须清楚，对方所表现出的让步实际上并不多。我们可以事前做好充分的准备，列举出证据告诉对方："你做的让步相对于市场行情,其实一点也不算多。"甚至可以承诺对方,如果对方让步再多一点,我方可以为他带来更多的好处,比如说:"如果你再多让我一点,我可以为你介绍更多的人来。"

在谈判中,即使对方让步很慢,我们也不要轻易满足于他的让步,而是要继续为自己争取更多的利益,这样,我们就可以相当程度地破解"避免爽快法"。

## 小 结

"出价战术"具体可采取下述四种方法:

一是**"狮子张口法"**:出价时,以大幅度抬高或降低的价格,令谈判对手感到震撼;

二是**"阮囊羞涩法"**:针对对方的出价,表示自己预算有限,以向对方争取一个更低的价格;

三是**"大吃一惊法"**:对于对方的出价,表现出始料未及、毫无心理准备的神情;

四是**"避免爽快法"**:对于我方的出价,遵循让步要放缓变慢的原则。

在谈判实战中，这四种方法都是为了争取到更多的还价与让步的空间，但四种方法具体的分工又有所不同。

其中，"狮子张口法"和"阮囊羞涩法"，都是一种测试对方的方式。如果对方听到"狮子张口"没有被吓到，或者听到"阮囊羞涩"，还帮你想办法，那么事实上对方就不小心送出了讯息：他原来的出价是虚高的。反之，我们遇到对方使用这两招时，也要注意不要送出真实的信息，而是设法告诉对方我们的出价是合理的，以防止在谈判中被对方占了优势。

"大吃一惊法"其实是对"阮囊羞涩法"的助攻，当我们表现出对于对方的出价"大吃一惊"，就会顺理成章地表现出"囊中羞涩"的合理性，令对方信以为真。

"避免爽快法"则是应对买卖双方彼此还价的最重要的原则，唯有保持缓慢的让步节奏，故意制造对方还价的难度，才能够让对方产生赢得够多的感觉，也守住了自己的价格底线。

## 第六章
## 评价战术

负面信息法
死的说活法
苹果与梨法
两面俱呈法

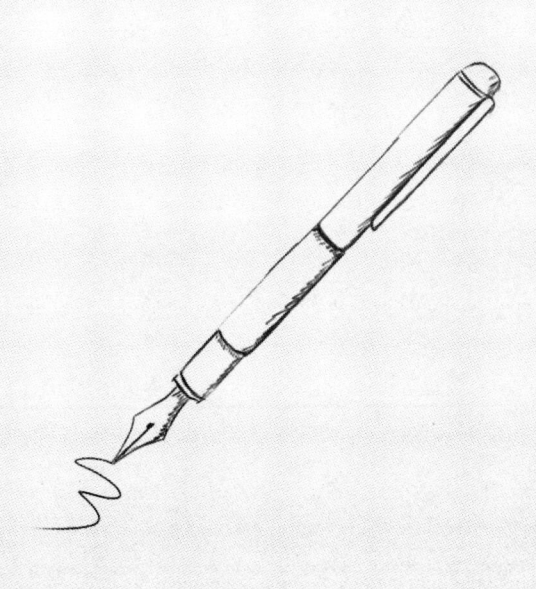

## 评价战术

在谈判中,通常一方提供某种产品或服务,另一方则根据这种产品或服务的价值,付出相应的价钱。

产品跟服务的价值,与它的评价好坏密切有关。评价既有客观的市场因素,也有主观的个人因素。如何利用评价让我方在谈判中占据优势?

本章介绍四个"评价战术":

负面信息法——搜集负面信息,迫使对方让步

死的说活法——强化优点,淡化缺点

苹果与梨法——通过分类使己方取得优势

两面俱呈法——突出优点的同时把特色包装成"缺点"

## 21 负面信息法

"负面信息法"在谈判中非常常见。在谈判前,通过搜集对方产品的负面信息,从而在谈判中降低该产品的价值,迫使对方在价格上做出更大的让步,就是"负面信息法"。

Smart汽车是奔驰车厂和瑞士知名的手表品牌Swatch合作的产品,不仅拥有美丽的外观,还有媲美奔驰的内在性能,但也有一个非常明显的缺陷——小。于是这款车的销售员经常会在报价后,遇到客户的负面评价:"我花15—20万难道就买一个电动轮椅吗?"此时,销售员就会很生气:"太可恶了!你走进来要买车,我告诉你价格,你居然还来攻击我的车!"自然,双方就无法达成任何交易了。

其实，上述的案例，就是顾客在对销售人员使用"负面信息法"。其实，在对方提出负面信息后，最好的做法是不为所动，继续告诉对方有关于产品的正面信息。因为客人愿意走进来，说明他一定是有兴趣的。我们只需要打开引擎盖，让对方知道这辆车配备的是奔驰的内置，而且车子小也具有方便停车的优势。

"负面信息法"不仅在市场交易中经常使用，在企业对企业的谈判里也很常见，甚至在人际关系中也会遇到，如在择偶时，双方会考量对方的优点与缺点。

当我们要使用"负面信息法"时，最核心的应用原则，**是要学会怎么运用产品的缺点来把产品的价格打点折扣**。在运用时不要让对方认为我们是刻意攻击，而是在考量产品和服务的优缺点。

"负面信息法"的最佳用途是谈判双方在理解了对方的负面信息之后，一起来发掘这个合作能带来的正面结果，比如我们可以对对方说："其实我们双方都有缺点，我知道你的价格可能不是那么高，我也知道我的产品未必是最新的、最好的，但是以你提供的价格所能买到的产品里面，我这个产品是相对比较好的。"

## 22 死的说活法

在美国一些关于职业可信度的调查中，最让人感觉不可信的前三个职业通常是政客、律师、销售人员。

其中，销售人员可信度不高，与"死的说活法"密切相关。

销售人员经常会夸大产品的好处，淡化产品的坏处，以提高产品的价值。

比如，当一个预算有限的高个子去买车，为了把符合客户预算的小车卖出去，销售员通常会说："这辆车一点都不小，刚刚好哦。车子要那么大没用的，难道要在车里放张床吗？"而当一个预算充足身材娇小的女孩子去买车，为了把更贵的大车卖出去，明明女孩需要脚伸得笔直才够到踏板，销售员却会说："这样才不伤到你的关节，我好羡慕你啊！"这些就是典型的"死的说活法"。

遇到对方使用"死的说活法"时，最关键的是**不要靠别人来帮你定义优点与缺点**。当我们走进任何销售现场，对于产品的优点与缺点要做好功课，要有独立的自主判断，不要盲目听从对方的评价。事前想好"我认为的优点和缺点"再去谈判，这样得到的结果，才会是我们真正满意的结果。

当我们自己使用"死的说活法"时，最关键的是**要不断强化某个优点或淡化某个缺点**。在爱情中，我们常听到一种评价："这个男人微胖挺好的，这样稳重。"还有："女的太美不好，竞争者就多了。"一个懂得用"死的说活法"的谈判者，总能找到一个方式把原来对方认为的缺点说成不是缺点甚至是优点。

# 23 苹果与梨法

如果市场上的客观标准对我们不利时，最好的方法就是从那个客观标准里脱身出来，告诉对方："我跟其他人不一样"。这就是"苹果与梨法"：苹果是苹果，梨是梨，两者不能比较。

比如，有一个电视频道叫作HBO，是一个全天候播放电影、体育赛事、音乐等节目的频道，可对外宣传的标语却说：这不是电视，这是HBO。观众明明在看电视，转到HBO台却被告知这不是电视，这时它在说："我虽然是电视台，但我不是一般的电视台，我是HBO。"通过强调自己的特殊性，从而提高HBO自身的价值。

再如，有时笔者会收到演讲的邀请，一般邀请方会对我说："游教授，我们一般请教授都没有这么贵。"这时，我就会使用"苹果与梨法"说："其他人只是教授，而我是游教授！"这就是为了把我跟其他人区别开来，从而提高自己的身价。

"苹果与梨法"最关键的是**我们必须要通过分类，来让自己取得定价的优势条件**。当产品进入到更好的类别，我们就能够在价格上做提升，比如豪宅之于普通房子，常青藤联盟之于普通大学。营销学中有一个非常重要的法则："当我们第一次推出某产品，就开创一个新的类别，将其作为新类别里的全新产品。"

反过来，当我们发现对方正在使用"苹果与梨法"，把自己的产品和服务升级到另外一类，然后标以更高的定价，我们应该如何应对？

**1. 把梨降级为苹果。**

当对方说"我是梨，和苹果不一样"时，我们就要反向把梨降级。比如，许多汽车制造商会通过一些不同的子品牌，来做高级品与一般品的分类："对不起，现在我这个价格要高一点，因为我是LEXUS，那个价格可以便宜一点，因为它是TOYOTA。"我们就要想办法告诉他："所谓的LEXUS除了内装稍微好一点之外，对我而言它其实就是TOYOTA。"

2. **与其他梨做比较**。

我承认你是梨，但你和其他梨比较有缺点，比如，在上面的案例中，我们可以这样反对卖家："LEXUS是高级品，但我更喜欢德国车，所以我不愿意付出和我认为的更好的德国车一样的价格。"因此，即使我们接受了对方的分类，但仍然可以在这个类别里找到谈判空间。

# 24 两面俱呈法

在谈判中，一味使用"死的说活法"可能会产生反效果，这时就可以使用"两面俱呈法"。在说明自己产品或服务的优点时，如果能说一两个不伤害产品真正价值的缺点，反而会使我们说的优点更可信，而不只是"王婆卖瓜自卖自夸"。

笔者在台湾的世新大学教书，如果有个人想读世新大学，我要怎么使用两面俱呈法呢？我就可以说："你选世新很聪明，让我告诉你几个与世新大学有关的优点，我们的校友非常多，在媒体圈的影响力非常大，不过有个缺点，我们的校园稍微小了一点！"当我把所有世新大学的优点告诉对方时，我忽然补充了一句缺点，对方就会更愿意相信我说的优点，甚至还会主动帮忙化解缺点。我经常会遇到有些想读世新大学的家长或学生,会反过来帮我说话:"哎呀,校园要那么大干嘛!还不是都在楼里上课,又不是来逛公园。"

**使用"两面俱呈法"除了能提升我们的信任度,某些时候还能形成自己的特色。**比如,某个学生在自我介绍时说:"我有很多优点,但就是说话比较直。""说话直"就成了这位学生的特色;再如,某个服装品牌说:"我们品牌有个缺点,如果你太胖,在我们家买不到衣服。""只有瘦子能买"就成了该服装品牌的特色。当别人不敢讲这个缺点,而我却愿意大声地说出来,那么这个缺点就会成为我的特色。

通过"两面俱呈法",无论是提升对方对于自己的信任度,还是形成自己的特色,都有助于争取到对我们更有利的价格。

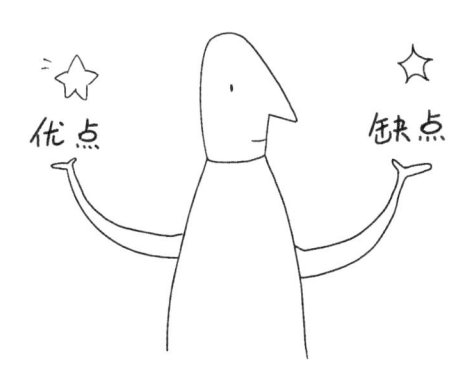

## 小　结

"评价战术"具体可采取下述四种方法：

一是**"负面信息法"**：利用对方产品或服务的负面信息，降低该产品或服务的价值，从而使对方在价格上让步；

二是**"死的说活法"**：强化某种产品或某项服务的优点，并淡化其缺点，甚至将对方提出的缺点弱化或是转变为优点，从而提高产品或服务的价值，以取得更好的定价；

三是**"苹果与梨法"**：通过分类，将自己的产品或服务与其他同类产品或服务区分开来，突出自己的优势，从而提升价值；

四是**"两面俱呈法"**：在说明自己产品或服务的优点时，同时呈现一两个不伤害真正价值的缺点，提升自身产品或服务的价值可信度。

评价战术的关键在于想方设法地去用更少的钱，去获得对方的某项产品或服务；反之，也要让对方心甘情愿地掏更多的钱，来获得我们的某项产品与服务。

想要用更少的钱买到对方的产品或服务，就要利用"负面信息法",寻找该产品或服务的缺点和不足之处,作为我方砍价的依据;而要让对方掏更多的钱,就要运用"死的说活法""苹果与梨法"以及"两面俱呈法",努力提升我方产品或服务的价值,争取以更高的定价成交。

第七章

# 吸引战术

好货没了法
低价吸引法
我搞错了法
验光师傅法

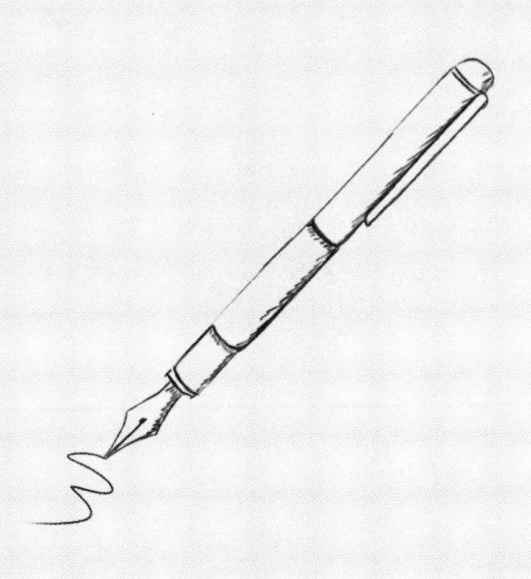

## 吸引战术

在谈判中,"吸引战术"可以让潜在的谈判者,愿意来谈判,愿意来咨询产品并且达成购买。

但在使用这一战术时,可能会产生一些道德上的争议,所以哪怕我们不使用,也必须警惕对手可能采取这些战术。

---

本章介绍四个"吸引战术":

好货没了法——抛出具有决定竞争力的某商品吸引对方,然后趁机销售其他商品

低价吸引法——利用便宜的定价吸引对方

我搞错了法——临场提价的狡猾技巧

验光师傅法——化整为零,制造低价表象的技巧

## 25 好货没了法

我们可能都遇到过这种情景：在市场上看见A商品的广告，A商品物美价廉且只有对方公司有售，当上门咨询时却被告知该A商品已经售罄，但还有更好的B、C、D商品。通过具有决定竞争力的A商品吸引上门，然后趁机销售其他商品。这就是常见的"好货没了法"。

生活中这样的场景不胜枚举，比如商场经常会在门口粘贴大大的招牌说"本店全面二折起"，"二折"写得很大，"起"写得很小。消费者被吸引进门之后，如果空手而归就会产生心理的不平衡感，所以虽然看中的毛衣并不打折也很可能会购买。在闽南话里有句俗谚："没鱼，虾也好"，就是典型的"好货没了法"心理原理。

所以在谈判中,我们一定要警惕对方是不是使用了该战术。**如果原先的目标 A 商品已经没有了,就要果断拒绝谈判。**有时我们也会发现对方的 B 商品也确实不错,但也绝不能轻易接受次级品,至少要对方为此付出一定的成本损失,比如另外的折扣。

## 26 低价吸引法

"低价吸引法"和"好货没了法"有些类似,就是利用商品的低价来吸引人进来,甚至有部分广告中会说:"欢迎使用本公司的产品,免费!"

实际上,**一个公司自然不能没有盈利,所有的免费都是放长线钓大鱼。**等免费产品的优惠到期了,已经使用一段时间的消费者已经对该产品产生了习惯,自然就可能愿意支付一定费用。甚至有更狡猾的公司并不会通知收费时间,等消费者发现再取消服务,但费用已经产生。

虽然在很多情况下,接受免费提供的服务或商品是一件让人心甘情愿的事,但在谈判中我们必须明确知道这是对方在使用"低价吸引法"或者"免费抢人法"。如果想要参与其中，就必须明确以下四点：

1. 免费使用的时间是多久？什么时候开始付费？
2. 当我觉得不满意，到期该如何取消服务？
3. 明确自己需求，我是否真的需要这个产品还是仅仅被免费吸引？

比如，因为免费而去听了某个课程，但实际上，我们对那个课程并不感兴趣，听了只会浪费时间。所以，绝对不要被低价和免费吸引，而应该关注产品的品质以及合理的价格。

4. 我们愿意为该产品付出的合理价格是多少？最后付费时的价钱是否超出合理价格？

当我们明确以上四点，就可以破解"低价吸引法"。你也可以让对方知道光靠免费或低价不足以吸引你，你更关心的是产品和服务是否符合自己的需求，也愿意支付合理的价格。如此，或许反而能使你成为更有吸引力的买家。

## 27 我搞错了法

相比较前文两个"吸引战术"，这个战术更加狡猾。对方先告诉我们一个价格，等我们决定要买或准备开始谈判时突然告知："哎呀我搞错了！我给你的价格是上个月的价格。现在的价格提升了，不过还好，只是多了两个百分点。"

使用"我搞错了法"一般有两种目的：

一是故意垫高售价，产生"狮子开口"的效果，以此在谈判中制造出假的让步；

二是真涨价，当消费者到了现场，发现价格提高，但提高确实不多只贵了2%，消费者就很可能愿意做出这个让步，而且对方还可能补充说："这是国际上涨，整个市场的定价都提高了。"

谈判专家们一般会反对谈判者使用"我搞错了法"，因为这很容易让我们的谈判对手感到被欺骗，从而失去对方的信任。但我们必须要警惕对方使用这个战术，因为这个战术非常常见，**而破解最好的办法就是不动如山，坚持原先的价格**，决不允许对方用一个更差的价格、更坏的条件达成交易。

当然这在实战中并不容易。比如，在爱情中偶尔可能遇到这种情况，对方忽然说："我原来把年龄说错了，实际年龄我要比你年长不少。"而这时候，我们已经爱上对方。但假设在一开始对方就告诉我们真实的年龄，我们是绝对不会开展这段关系的。这就说明"我搞错了法"是已经奏效了的。

上述的案例还只是一般的"我搞错了法"。其实，这个战术还可以反着使用，先告诉对方价格 1200 元，然后再说："啊我搞错了，其实是 1000 元。"通过降低事前的吸引力，提高"我搞错了"之后的吸引力。其实不过是对方垫高了 200 元的价格，让消费者产生了赚到的错觉。实际上，卖方这样做是一种欺骗，但买方却毫不知情，甚至觉得卖方"我搞错了"的结果是对自己有利的。

# 28 验光师傅法

"验光师傅法"据说来自于美国纽约。在纽约，有些眼镜行会在门口摆放一个镜框，镜框的价格非常便宜。当我们被这个低价吸引进去之后，对方接下来会说那只是镜框的价钱，而配眼镜镜片、验光还有验光医师都要收费，最后的价格会比门口标的价格高很多。

"验光师傅法"也可以算作一种"低价吸引法"，不过"验光师傅法"有另外一项运用，即当我们把一个产品所有需要支付的费用切割成小块，如把一副眼镜切分成镜框、镜片、验光服务等，这时每一个单位的价格就比原产品整体的价格降低了。

比如，一架四驱车玩具标价 100 元，等到柜台付账的时

候，就会发现这个四驱车还需要充电电池，充电电池又要充电器。而且孩子玩四驱车，通常是带去比赛的，所以最好有一台备用。而要携带两台车和这些设备，最好再买一个便利携带的袋子。另外如果要在家练习的话，还要买一个轨道。所以实际上，四驱车的价钱，只是这所有我们要付的费用的一小部分而已。

"验光师傅法"在日常生活中有着更广泛地运用，比如通过"分期付款"把一个产品的费用分割成N期售卖。就好比把一个价格切得很小很小，甚至小到每天一颗卤蛋的价钱。表面算起来好像很少，但仔细一想，就会明白不过是个"障眼法"。

"验光师傅法"的使用风险要比"我搞错了法"低一点，因为本来很多东西的定价就是分开计价的。举一个最常见的例子，通常我们在比较一台车的价格时都是用买价来比较，后续会产生的损耗费、保养费，一般并不会计算在汽车的卖价里。

"验光师傅法"把车子的卖价和之后产生的保养费用分开，这当然不能算是欺骗。但在谈判中，我们一定要清楚买这辆车的真正花费，不仅要计算卖价还要计算后续的保养费用。

所以，"验光师傅法"最好的**破解方法是把所有价格加在一起，再决定这个产品或这个服务是不是我们真正所需要的**。

## 小　结

在谈判中，我们要注意辨别对方所运用的"吸引战术"：

一是**"好货没了法"**：对方利用具有竞争力的产品吸引到顾客后，却告知顾客此产品已售罄，转而向顾客推销其他同类但售价更高的商品；

二是**"低价吸引法"**：利用低廉或免费的价格来吸引顾客，实质上却是放长线钓大鱼；

三是**"我搞错了法"**：卖家在给出一个售价之后，故施伎俩，说成"自己搞错了"，故意抬高售价让买方买单；

四是**"验光师傅法"**：将完整的商品拆分成多个部分分别标价，从而将整个商品的高售价转化为多个部件的低售价，给消费者制造出便宜的效果。

因为使用"吸引战术"存在着降低自己信誉的风险，因此在谈判中不建议运用。但我们却要提高警惕，识别出对方的"吸引战术"。

具体而言，对于商家的"好货没了法""低价吸引法"，要冷静地思索商家推荐的商品是否是自己真正需要的，以避免掉入对方"免费限量"的陷阱。当面对对方使出"我搞错了法"，就要坚决地拒绝。此外，对于商家惯常使用的"验光师傅法"，将整体的产品分开销售，此时我们就要注意核算一下整体的价格，以整体的价格决定自己是否可以接受。

## 第八章
# 需求战术

另有对手法
游行花车法
可爱狗狗法
这就是你法

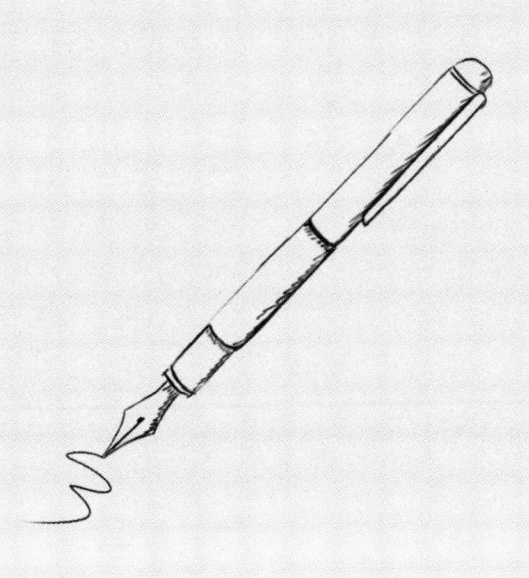

## 需求战术

在营销上，如果我们要将某种产品或服务卖给某个买方，首先必须得让这个买方知道产品或服务的存在，其次必须得让他对产品或服务产生兴趣和欲望，最后他才会采取实际的购买行动。

要让买方产生欲望和需求，就要使用"需求战术"。

本章介绍四个"需求战术"：

另有对手法——创造对方的竞争者

游行花车法——应用"饥饿营销"

可爱狗狗法——通过试用赞美对方

这就是你法——通过定义笼络对方

## 29 另有对手法

提起"另有对手法",谈过恋爱的人一定会很熟悉。恋爱中,本来双方付出的爱大体上是一致的,可当其中一方身边出现了其他的追求者时,另一方很可能就会付出更多的爱,花费更多的心力与情敌竞争。因为,竞争的人数多少是价值判断最重要的原则之一,竞争者越多,就说明某个人物或事物越是抢手,从而激发竞争者更大的积极性,而这正是"另有对手法"的原理。

有一则与"另有对手法"相关的小故事。说的是民国初年,一个军阀去看一场足球赛,只见两队球员拼了命地在争抢一个球,便说:"这太愚蠢了,你们为什么不给两个队伍各发一个球,让他们自己踢进自己的门,别让他们抢了!"这则故事实际上是在嘲笑这个军阀,因为他不懂得竞争才是球赛进行的基本原则。

在谈判中,如果我们能告诉对方,有人在与对方竞争,就能提高对方对我方产品的需求,从而提高产品的价格。"另有对手法"其实与"你比较贵法"异曲同工,在一场交易谈判中,告诉卖家"有人卖得比你便宜",其实同样是在创造潜在的竞争对手。

因此,运用"另有对手法"的关键原则是**创造一个竞争者,来与我们的谈判对手进行竞争**。当这个竞争者越明确越具体,这个战术也越有效。如果这个竞争者恰好和我们的谈判对手之前就存在激烈的竞争,这个战术就会更加有效。

比如在拍卖中,即使起拍价只有0元,只要有两个人在竞标中都想打败对方,最后成交的价格通常会比正常的价格高许多,因为双方很可能会为了赢,而竞争到丧失理性的程度。所以,如果我们告诉某行业里排名第二的企业,现在来竞争的就是对方一直想打败的排名第一的企业,"另有对手法"就能发挥出最大的效用。

反之,如果遇到对方使用"另有对手法",就要采取以下的做法:

**1. 核实竞争者是否真实存在，其竞争意愿是否强烈。**

要做到这一点，就必须掌握充分的情报。有时候，核实竞争者存在与否是非常困难的，只能通过蛛丝马迹去判断。但如果能够判断竞争对手是真实存在的，我们就可以想办法降低竞争者的竞争动机。

**2. 找到卖方的竞争者，产生抵消效果。**

就算对方的产品或服务被别人抢走了，我方也不是没有别的购买渠道，即确信卖方也存在竞争对手，这样我们在谈判中就可以不动如山，甚至可以公开告诉对方："不是只有你说这里有人要抢，昨天还有人告诉我同样的产品，在他那里更便宜。"这时候双方都存在竞争对手，就可以产生抵消的效果。

因此，"另有对手法"双方都可以对对方运用，就看哪一方运用得更好，态度表现得更坚定而已。

# 30 游行花车法

通常情况下，"另有对手法"面对的对手只有一个或两个；而在"游行花车法"中，市场上所有的人都可以是对手。因此，"游行花车法"也可以通俗地叫作"大家都抢法"。在营

销中，有一个类似的手法叫作"饥饿营销"，造成整个市场每个人都在抢购这个产品的现象，从而不断提升市场对该产品的需求。

比如，我们想买一辆黑色的车，这时销售员说库存就剩最后三辆了，而且其中两辆刚被订走，只剩最后一辆可以出售。此时，我们很难不中"游行花车法"。但如果我们想买红色的车，红色的车库存还有一百辆，心中的购买欲望就不会如购买黑车那般迫切。

使用"游行花车法"的关键原则是**让对方感觉到他们的竞争者非常多，甚至所有人都在抢**。这时要确定两件事：一是我们的某种产品或服务是很多人都想要的，因此创造了大家都想上车的"游行花车"；二是必须告诉对方这个产品或服务的数量有限，供小于求。以上这两点都做到，"游行花车法"就可以获得成功。

但要破解"游行花车法"并不容易,一旦谈判对手确实掌握了某种大家都需要或者非常流行的产品或服务,他的谈判实力就会增强。这时可以采用"反游行花车法",即大家都在争抢,就告诉自己跟风太过俗气,并且该产品的价格很可能远高于价值,性价比并不高。与其从众,不如反其道而行,去寻找一个另外的产品,这样"游行花车法"就对我们起不了作用了!

## 31 可爱狗狗法

"可爱狗狗法",即让对方试用产品或服务,并在对方使用时给予非常多的言语鼓励,从而把对方的需要变成想要,把对方的没有需要变成需要和想要。

比如,顾客到宠物店原本的需求只是看狗,但卖狗的人却抱起一只狗,放到顾客的怀里。通常情况下,狗狗都会表现出欢喜的情绪,卖狗的人就会在旁边说:"哎呀,这位先生/小姐,您看看这只狗对您多么友好,原本它早上没这么有活力,见了您就活力十足了。"本来没有购买需求的顾客,因为被对方夸赞了两句,就会附会对方说:"我这个人就是跟狗特别有缘，从小就这样。"这时，这位顾客就中了"可爱狗狗法"，先是被别人灌了迷汤，然后再自灌迷汤，产生强烈的购买情绪。同理，在日常生活中，卖车让人试开，卖食品让人试吃，都是在使用"可爱狗狗法"。

"可爱狗狗法"的关键原则是**拉近消费者和产品或服务的距离，再在消费者试用产品或服务时，给予精确的赞美**。因此，我们要通过观察对方试用产品的神情，让赞美可以更精准。比如，在卖衣服时，我们可以说："这件衣服穿在你身上真好看。"当对方试穿了不同的款式后，我们可以更精准地告诉对方："这款衣服在你身上要比另一款好看多了。"

要破解对方的"可爱狗狗法"，就要做到两点：

1. **怀疑对方**。

我们需要知道对方刚才做出的赞美，必定是跟许多人说过的，我们只是被对方赞美的许多人中的一个。当我们用这样的方法怀疑对方，抵抗力自然就会提高。

2. **相信自己**。

我们对于自己的优点与缺点，一定要有独立的判断能力。否则，我们很容易误判自己的优点和缺点，从而被"可爱狗狗法"给误导了。

## 32 这就是你法

"这就是你法"在某种程度上，也可以算作是"猛戴高帽法"，通过不断地说对方的好话，诸如"你是理性有智慧的、你是有气质的、你是注重产品的细节的"，来告诉对方"这就是你"。

比如，我们在商场逛街的时候，经常会听到销售员这样的语句："您真是太有品位了，我们家的衣服就适合您这样有品位的人。"这就是销售员在使用"这就是你法"。相比在"可爱狗狗法"中，我们在对方试用产品时夸赞对方，"这就是你法"则要更进近一步，通过定义对方的人格、风格、品位等，再去有针对性地夸奖。

"这就是你法"在营销上，也非常常用。正如一个好的营销人员，光是告诉消费者产品的特色和优势是远远不够的，许多企业在谈判时，并不是只讲产品与服务，而是试图去营造一种企业文化。比如苹果公司，在过去一系列产品的宣传视频中，主人公往往都是非常有气质、注重美感、懂得设计的人，这就营造了一种感觉：苹果电脑就是有品位的设计师该使用的产品，如果你重视设计，你就该买苹果电脑。

使用"这就是你法"的关键原则是**让对方对于自己的看法与我们的企业文化相契合**。比如，顾客去买特斯拉的车，销售员说："来买特斯拉产品的不只是成功人士，还是像您这样对环境、对美感、对科技最为重视的人，而我们特斯拉就是一个这样的企业。"这时特斯拉就通过定义我们是什么样的人，然后再把企业销售的产品与我们联系在一起。

而要破解对方的"这就是你法"，就要做到如下两点：

**1. 持有怀疑态度。**

无论销售人员把自己的企业文化讲得多么天花乱坠，其中必定有夸大的成分，对此我们就要抱着怀疑的态度，去仔细区分。

**2. 不要用产品或品牌来定义自己。**

千万不要以买某个产品或某个品牌作为前置条件来定义我们自己，定义自己未必需要用特定的产品或品牌。也不要以某个企业所宣传的文化来定义自己，如果真的认同某种文化，认同的应该是文化背后的价值和信念，而不是只停留在表面的产品或服务上。

做到这两条，就自然不会为"这就是你法"留下发挥效用的空间。

## 小 结

为了吸引对方对我们的产品或服务的购买兴趣，就要运用好以下四种"需求战术"：

一是**"另有对手法"**：创造出一个真实或虚拟的竞争者，来与我们的谈判对手进行竞争；

二是**"游行花车法"**：营造"饥饿效应"，让谈判对手感到他们的竞争者非常多，所有人都在抢我们的商品或服务；

三是**"可爱狗狗法"**：在消费者试用产品或服务时，给予精确的赞美，从而拉近消费者和产品或服务的距离；

四是**"这就是你法"**：通过定义对方，来不断地给予对方赞美，让对方感到对于自己的评价与我们的产品、服务、企业文化是相契合的。

简而言之，运用"需求战术"要达成两个目的：

一是营造出"我很受欢迎"的感觉。

具体对应"另有对手法"、"游行花车法"，即营造出拥有许多竞争者的局面，让我方的产品或服务变得抢手，给对方制造出时间紧迫、产品稀缺的紧张感，促成对方的购买。

二是营造出"产品很吸引人"的感觉。

实质上，产品之所以会吸引人，关键点在于产品是否可以与消费者擦出火花。此时，就要拉近产品与消费者之间的距离，通过免费试用的"可爱狗狗法"，或是定义评价的"这就是你法"，来让消费者与产品之间产生共鸣，满足消费者渴望被理解、被认同，找到归属感的心理需要。

# 第九章
## 让的战术

做个口碑法
为你而做法
慢慢让步法
我会回来法

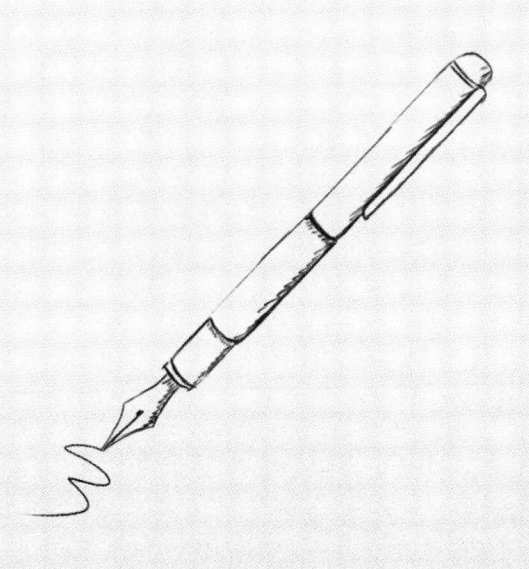

### 让的战术

让,就是让步。在谈判中,我们为了争取利益,当然希望对方让步更多,问题是对方也是一样的想法。因此,"要如何让步才能得到更多"就成为谈判当中非常重要的一门艺术。

---

本章介绍四个"让的战术":

做个口碑法——做口碑,换利益

为你而做法——多做点,换让步

慢慢让步法——控制让步的节奏

我会回来法——延长战线,避免仓促

## 33 做个口碑法

口碑对于企业或个人的品牌非常重要，口碑好坏直接影响某项产品或服务对于他人的吸引力。如果每个老客户都说"好"，就很容易吸引到更多新的消费者。

在谈判中，因为口碑的重要性，可以将其作为谈判的筹码。在面对一个口碑较差或者还没有口碑的企业时，就可以通过给对方做口碑的方式，为自己换取更多的利益，这就是"做个口碑法"。

为对方做口碑的方式有很多，比如向朋友推荐、分享到社交媒体等。对方一旦得到这个口碑，就会获得更高的成交机会。因此，**我们给对方做的口碑价值越高，自然能换取到对方**

**更大的让步**，这就是"做个口碑法"的基本原理和关键所在。

简单来说，"做个口碑法"即替对方说好话，而要让"好话"变得更有价值，就需要注意两点：

1. **提高我们"嘴"的价值**。

提高"嘴"的价值，即提升我们的个人品牌及影响力。比如我们在微博上拥有10万粉丝的关注，那么我们所说的"好话"价值当然就提高了。

2. **做到精确植入**。

在我们的"好话"里，要非常巧妙而精确地植入对方的产品和服务，包括品牌信息、产品信息、产品优势等，做到浑然天成没有违和感。我们所说的"好话"越是精确，越是没有违和感，其中的含金量就越高。

## 34 为你而做法

在谈判中,如果我方愿意为对方做一件本来不需要做的事,并且这件事对于对方有利,那么我们就可以以此为条件来换取对方的让步,这就是"为你而做法"。

在服务行业中,也把这一招叫作"我为你做了一件职责之外的事",在英语当中又叫作 ABCD 法,即"Above and Beyond the Call of the Duty"(我比我被要求做到的职责做得更多、更好)。"Call of the Duty"即我的职责。

比如,我们告诉对方说:"我一般是六点下班的,但是为了您,我可以待到这个案子谈完为止",这时我们就做了一件本来不必要做的事,这也是一种让步。我们还可以说:"我们一般是不提供个人的资讯给对方的,但由于您希望跟我谈判,我愿意把我个人的联络方式提供给您。"这也可以换取到对方的让步。

运用"为你而做法"的关键原则与"做个口碑法"相同,一定要让对方感觉到我们的让步,并尽可能提高这个让步的价值。而提高让步价值的方法就是提高对方的特权感,这个特权越少人拥有，价值就越高。

因此，运用"**为你而做法**"时，我们要去证明这个特权是别人所无法享有的。

比如，在买车时，我们希望对方能够赠送一个行车记录仪，对方说："我们一般是不赠送行车记录仪的，因为本公司采用的行车记录仪是比较高级的，我们公司不允许赠送这款行车记录仪给我们的顾客，但由于您不一样，您是我的老主顾了，所以这个行车记录仪就算在我身上，赠送给您。"在这个案例中，销售员正是通过传达出这个特权是独一无二的，从而提高这个特权的价值。

"做个口碑法"与"为你而做法"可谓异曲同工，都是换取对方让步的方法，但如果遇到对方使用上述两种战术，我们就需要评估，这个口碑对我们的价值高不高？对方做的这件事对我们的价值高不高？如果高，我们可以做出一些相对的让步，如果只是举手之劳，那只需表示感谢，而不一定需要进行让步。

## 35 慢慢让步法

"慢慢让步法"，即在谈判中不要一下子让步太多，以防对方没有做出相对的让步，而使我方出现失利。在谈判中，通常是双方互相让步，即对方让一步，我方也让一步。但如果每一次我方的让步都比对方的多，那最终我方是吃亏的。因此，一般情况下，谈判高手每次只会让步一点点，并用语言去夸大让步，表示自己做出了让步的动作。

比如，在最简单的买卖谈判中，经常会涉及买方与卖方，每一次让步的幅度有多大的问题。如果卖方要卖一件定价4999元的东西，而买方希望的成交价是4750元，那么卖方应该选择一次性退让到4750元，还是分多次退让到4750元？显然是后者。每一次的让步，都会构筑起一道防卫工事。坚守每一道防卫工事到不得不让步的时刻，才能让我们在谈判中占据优势。

"慢慢让步法"一般要遵守两个原则：

**1. 让步幅度不能过少。**

虽然让步要慢，但不能慢到让对方感觉我们根本没让的程度。比如，我们双方原来的谈判价格是93万元，结果只让步了1元，这就会令对方怀疑我们的诚意。

**2. 让步幅度不能过大。**

每一次让步都要严格控制。如果谈判价格是93万元，我们知道3万元的零头是很容易被抹掉的，买方也会很大概率地提出这样的让步要求。这时，不要一次性地让掉3万元，而最好选择在92万元构筑起一个防守的空间。

"慢慢让步法"不仅可以运用在价格上，也可以运用在我们生活中的方方面面。比如，孩子要求吃巧克力，父母就要思考：让步的幅度应该是一整包、半包还是一块呢？其中让步的幅度正是谈判中的艺术。如果我们轻易地让步，就会使得谈判对手提出的要求更高。

因此，需要严密地控制让步的幅度，但是不能小到让对方觉得你根本没让步。

## 36 我会回来法

阿诺·施瓦辛格在电影《终结者》里最有名的台词就是"I'll be back"（我会回来）。这一战术特别适合运用在谈判中，如果我们担心在谈判现场让步太多，最好的方法就是延长战线。谈判高手通常都会要求对方在谈判现场就要成交，比如，在客户试完车后，销售员就会引导客户在现场就交下定金，但如果我们不打算在现场做出决定，就可以运用"我会回来法"延长战线。

当然，销售人员最害怕的就是意向客户一走了之，没有回来。当他花费了一定的时间成本与客户进行了谈判，而客户却使出"我会回来法",销售员通常就会进行恐吓:"你离开了之后再回来,这个产品不一定还有哦,这个价格也不一定还有哦。"以此来破解"我会回来法"。但如果客户事前已经做好了准备,知道这个产品在市场里还有其他的销售渠道,就可以这样回复:"我这个人很重视缘分的,我下午会回来,而且我会带着钱来,如果我带着钱回来时,东西已经没有了,那就是我跟这个东西没缘分,那也没关系。"一旦我们比对方还强硬,软弱的就可能是对方了,如果销售员说:"你确定下午会回来噢?我来帮你留留看。"这时,就代表"我要回来法"奏效了。

运用"我会回来法"最终的目的就是避免我们留在谈判现场,在谈判现场的压力下最后做出了过度的让步。从而将我们从谈判现场抽离出来,再仔细思考一下是否真的需要这个产品。

"我会回来法"的关键原则是**不要在谈判现场急促地下一个决定,离开特定的时间与空间,让自己多思考一下。**

除了日常的买卖场景,生活中还有很多的谈判可以运用到"我会回来法"。比如:许多人会建议谈恋爱,最好交往时间长一点;有些国家的法律会规定夫妻双方离婚前,必须要有一定的冷静期;许多消费过程中,买卖双方中会约定7天无理由退换货等。这样我们就不会基于一时的感情冲动做出重大的决定,而是给自己留一些考虑的时间,帮助自己争取最大的利益。

## 小 结

如果想要在谈判中进行让步，就要运用好以下四种"让的战术"：

一是**"做个口碑法"**：通过为对方做口碑，换取对方的让步；

二是**"为你而做法"**：通过为对方做职责之外的事情，给予对方别人无法享受的权利来换取对方的让步；

三是**"慢慢让步法"**：把握好让步的节奏和幅度，通过缓慢的让步筑起防御工事，从而维护自己的利益；

四是**"我会回来法"**：避免我方在谈判现场的高压之下让步过多，采取延长战线的手段，应得思考与周旋的时间。

在谈判中，让步是一门需要精确把握的艺术。如果想要对方让步，就要运用"做个口碑法"、"为你而做法"，去做一些有利于对方、但对于自己却无关痛痒的事情，来让对方心甘情愿地让步。

在面对对方要求我方让步的场景，就需要运用"慢慢让步法",一方面表现"我在让步"的诚意,一方面控制住让步的幅度,以防我方城池失守,陷入被动。如果遇到更为强硬的谈判对手,要求我方在谈判现场立即做出决定,此时就要以"我会回来法"坚定应答,通过场外冷静的分析,做出有利于我方的终极决策。

## 第十章 要的战术

- 意式香肠法
- 你也让让法
- 做了再说法
- 自说自话法
- 这是惯例法
- 必有例外法
- 升级套餐法
- 多要一点法

### 要的战术

在谈判中,我方的诉求就是对方应该让步的理由。如果我方不能明确给到诉求,对方当然也很少会主动做出让步。最简单也是最常用的诉求就是公平互惠,双方要互相让步保证公平。这里的"诉求",正涉及谈判中"要的战术"。

---

本章介绍八个"要的战术":

意式香肠法——积累小让步,成就大利益

你也让让法——我让一步,你也让一步

做了再说法——先斩后奏,对方不得不让步

自说自话法——对方一犹豫,就当是让步

这是惯例法——以"惯例"使对方让步

必有例外法——以"例外"破解"惯例"

升级套餐法——主餐加副餐,升级更划算

多要一点法——在成交前后多要一点

## 37 意式香肠法

用意大利香肠做三明治时,要把香肠的每一片都切得很薄。但即使每一片香肠被切得再薄,整条香肠最后都会被切完。在谈判中,如果我方将想要获取的利益切割成多个小片,让对方通过一次次小的让步最终达到我方的预期目标,这就是"意式香肠法",俗称"切香肠法"。这一方法的原理在于每一次的让步都很小,所以对方通常不会认为自己做出了过多的让步。

比如,一对情侣恋爱了,男生希望牵女生的手,但女生回复说:"我们才认识两天,我不能和你牵手。"这时男生如果使用"意式香肠法",就可以说:"好,我不牵你的手,但我可以牵你一根手指吗？"于是男生就把牵手这个大目标切割成了五个小目标，通过女生一根根手指的让步最终达到牵手的目的。而对于女生来说，相比牵手，只牵一根手指自然更容易接受。

以上是"意式香肠法"在人际关系上的运用，在国际关系上则更加常见。比如，在二战之后，日本施行了《日本国宪法》（又被称为《和平宪法》），该宪法规定日本放弃发动战争的权利，不保持海陆空军及其他战争力量。但是很多日本右派分子，为了突破《和平宪法》的限制，就会采用"意式香肠法"——一次只突破一小步——在自卫队中招收前军队军官，再将自卫队军事化，接着提出解禁集体自卫权，把自卫的范围不断扩大到："如果我与我的盟国遇到危险，我可以先发制人派遣军队。"这样一来把被动的自卫变成主动的先发制人，就相当于拥有了发动战争的条件。而这个过程中，因为每一步的突破都足够小，一般人很难发现其实这已经慢慢趋近于解除《和平宪法》了。

运用"意式香肠法"的关键原则是**通过要求对方做出不易拒绝的小让步，逐步达成我们所想要的大让步**。这一战术也可以叫"温水煮青蛙"，把青蛙放到水里慢慢加温，只要加温够慢，青蛙甚至会直到死亡都没有察觉。

而要化解对方的"意式香肠法"，我们就一定要提高警觉，记住小让步也是让步，每一步都不让。比如前文中那对情侣，如果女生不想男生牵手的话，那么就连手指都绝对不要给碰。

## 38 你也让让法

在谈判中，我方所做的每一次让步都一定要换取对方的让步，这就是"你也让让法"。

比如，在企业收购案中，被收购企业采用"你也让让法"时就可以说："好，我们愿意接受两家企业合并之后使用你们的名字，但是因为我让了这一步，希望你让我们留下我们想留下的员工。"如果收购方不同意，被收购方就一定要继续告诉对方："要精简员工可以，用你们名字也可以，但在官网上必须注记该公司是由我们双方公司合并而来的。"可见，被收购企业的每一个让步都在要求对方给予同样的让步。**在谈判中，如果一直只有我们在让步，对方却一步不让，是非常愚蠢的。**

笔者曾参与一起关于买房的谈判。在谈判中，我希望对方给出一个好的价格，这时对方的销售员使用了"你也让让法"说："我可以帮你向上司争取更好的价格，但为此你需要做出一定的承诺或者保证。"他用"向上司争取一个好价钱"的让步换取了"我做出一定承诺"的让步。在销售员跟上司请示了一个好价钱后，我又再一次要求他让步，这时他却没有遵循"你也让让法"的原则，来让我同样让步，而是非常爽快地询问我："你要减到多少？"于是我不费任何代价就换取了他的后续让步。但是，如果他使用了"你也让让法"说："我已经给你争取到最好的价格了，你还要继续砍价的话，我很难做，除非你也让一步，比如说我能争取到这个价格的话，你就答应付定金成交。"这时，我们就很可能直接达成交易了。

"你也让让法"特别适合用来化解前文所介绍的"提案战术"和"开价战术"。比如，当对方运用"还要更好法"一直提问："你的案子还能更好吗？"，此时我们就可以见招拆招，运用"你也让让法"说："我们已经尽力做出最好的提案，如果你还要更好的提案，除非把定价再提高一成"，而不是随意地单方面让步。

而要化解"你也让让法"非常简单，当对方说："哎，我让了，你也得让让！"我们就这样回复："我之前的那个让步可抵你的两个让步了。"通过稍微夸大我方之前的让步，就能相当有效地化解"你也让让法。"

比如，男生和女生约定用"陪女生去想去的景点"换取"下次再见面"的机会，结果男生不仅履行了承诺，还找了个女生最爱的餐厅吃饭，当男生以此要求女生做出更大的让步——做自己的女朋友时，女生就可以回复："我现在其实忙着考试，答应和你再见面已经是非常大的让步了,其他的慢慢再说吧。"

## 39 做了再说法

"做了再说法"又叫"既成事实法",即当对方还没有说要让步,我们就已经假定对方会做出让步,并采取行动造成既定事实。尤其是当该既定事实无法恢复时,对方就只能接受我方已经采取的行动。

笔者曾看过一个漫画,主人公是一个很喜欢贪小便宜的人,他看到比较有钱的同学买了一盒新的牛奶回来,就把牛奶打开并且喝了两口,等喝完才问他的同学说:"不好意思,我下午运动得太过量了,刚才口太渴,我忘了先问你,这个我喝两口没问题吧?"这时候主人公已经造成了既定事实:牛奶已经喝了,且也没有办法还原,对方便迫不得已只能接受。

"做了再说法"也可以叫作"先斩后奏法"。有一个故事说的是,皇上有两个得力的大臣——A大臣和B大臣,两人是互相竞争的关系。一天A大臣犯了大错,在皇上还在犹豫是否要杀A大臣时,B大臣就先把讨厌的人斩首了。人死自然不能复生,这时皇上只有两个选择:

1. 把B大臣也斩了；

2. 接受既定事实。

皇上当然会选择后者，因为人死不能复生，如果把B大臣也斩首了，就相当又杀了活着的得力助手，损失会更为惨重。

但B大臣在"先斩后奏"时，也必须遵守这两个原则：

1. 不触碰底线。

在对方挣扎是否要让步之前，大臣必须确定皇上真的在挣扎考虑，并且确实皇上有让步的可能性。如果这个让步是在对方的底线之外，那么就不能使用"做了再说法。"

2. 奉"旨"办事。

皇上当然没有下"旨"，但大臣一定要当作是自己揣摩了

既成事实

圣旨。在使用"做了再说法"时,为了不让对方太生气,一定要搭配着这样一句话:"我是真的认为你是一定同意的。"告诉对方这个"先斩后奏"的决定,是我方预判了对方的思想和行动的结果,而不是我方擅作主张的。

如果谈判中,我们要避免对方使用"做了再说法",一定要在事先提醒对方:"如果你做了某件事那就是我的红线,你将会遭到我的严惩。"如果最后对方仍然做了,那我们当然也要按照事先的承诺给予对方严惩。不过,**"做了再说法"的厉害之处就在于,很多时候既定事实难以恢复**。即使我们给予对方惩罚,我们也是很可能无法挽回,有害无利。

## 40 自说自话法

"自说自话"的重点在于当对方还在挣扎是否要让步时,我方就已经摆出对方一定会让步的姿态,并以此为基础继续接下来的谈话或行动。

比如,在市场交易中,买方还价到100元,卖方还在犹豫时,买方就可以自说自话说:"100元好了。"并付钱拿货走人,这个过程中只要卖方没有强力阻止,买方就可默认卖方已经同意交易，所以这一招"自说自话法"也可以叫作"半推半就法"。

再如，本来卖方和买方谈的一台汽车价钱是48万，但是买方希望价格降到45万，可卖方一直都不同意。这时，买方就可以使出"自说自话法"说："就45万好了，我现在去取钱了啊。"然后一边说一边往门口移动，这时如果卖方既没有说同意，也没有直接提出反对，而是在半推半就中等我们带着45万的现金来买车，很可能就会谈判成功了。在运用"自说自话法"的过程中，甚至可以再搭配一个"猛戴带高帽法"，去不断地夸赞卖方："3万对您是小意思，您这么大的公司，一定会让我的，而且我们是什么交情！"

当然对方也可能在我们返回后明确拒绝："我什么时候说45万了，从头到尾就是48万。"这时我们就可以搭配"小题大做法"（这个战术将在后面章节具体介绍）向对方夸大我们的损失："我的天哪，48万你要早说啊！你知道我花了多少时间、排了多久才取出这些钱吗？你知道这么大一笔钱带在身上有多危险吗？你现在不卖给我，难道还要我再拿回去存吗？"我们可以把取钱所付出的劳力与时间成本放大，并以此坚持45万的价格。

**自说自话的关键原则就是当作对方会让步，通过半推半就最终促成对方的让步**。运用这一招有三个重要的前提：

1. 判断对方是否真的在挣扎犹豫。

这需要一定的察言观色，通过观察对方的表情和动作，来判断对方是否真的在考量让步。如果对方反对的意志非常坚定，那么使用"自说自话法"是无效的。

2. 熟人好办事。

我们和对方的关系越熟，"自说自话法"就越有可能奏效。

3. 不要超出对方的底线。

"自说自话"所涉及的事物和内容，要在对方的容忍范围内，这要求我们在谈判前要明确对方的底线，即哪些原则是不能触碰的。

而要破解"自说自话法"非常简单，只要对方一开始"自说自话"，我们就坚定地拒绝对方即可。

## 41 这是惯例法

在谈判中，惯例最简单的解释就是"应该"，即"你就应该让我"。我们可以找出一个有利于我方的程序、法规、原则、习惯，然后要求对方按这个惯例照办，这就是"这是惯例法"。从这一角度，惯例也可以等同于前人已经通过谈判形成的类似合同，正常情况下人们都会遵守这样的惯例。

比如，一般酒店的惯例是12点退房，绝大部分客人都会愿意按照这个惯例执行。再如，我们要求对方"先支付一般的费用作为定金""只接受现金"，并强调这是行业惯例。在绝大多数的情况下，对方都会直接按照这些惯例办事。

因此，我们要在谈判前做好充分的准备，去找寻到有利于我方的惯例，来作为使对方让步的理由，从而在谈判中占据上风。

但如果我们直接说："规定就是规定。"对方很可能会觉得我们在打官腔。要避免这种情况，就要在引用惯例时一并说明"为什么这是惯例"，如跟对方解释清楚惯例形成的原因，或者告诉对方惯例背后存在某些公平合理的理由，这样就会令对方心悦诚服，从而更容易接受惯例。比如，某家酒店的房间已经住满了，还有客人想要预定，"客满无法预定"当然是惯例，但酒店仍然可以补充解释说："我们酒店希望给到每个客人最真挚的服务，如果同意您的请求，无论是对您还是对其他的客人都会是糟糕的服务体验。"

使用"这是惯例法"的关键原则就是坚守惯例。不断跟对方强调："惯例就是惯例，规矩就是规矩，而规矩之所以这么定，是为了公平和公义，所以我们是绝对不能打破的。"因此这一战术也被称为"唱盘跳针法"，如同唱片坏掉了跳针一样，不断地反复强调。

## 42 必有例外法

所谓"必有例外法",意思是只要有惯例,就必定有例外,世界上任何的程序、法规、习惯、原则都存在打破惯例的情况。这一战术刚好可以用来破解前文的"这是惯例法"。

当遇到对方使用"这是惯例法"时,我们可以通过寻找不在该惯例范围内的案例来破解。

**运用"必有例外法"的关键原则是要从对方的"惯例"中寻找"例外"作为突破口。**只要存在一个例外,我们就要设法地成为这个例外。同时,为了说服对方同意我们成为例外,我们也需要给对方一个合理的理由。

在上述酒店客满的案例中,如果要突破"客满无法预定"的惯例,我们就必须想办法找到例外。比如,如果是酒店的董事长遇到这种情况,酒店就会想办法挤出一间房来给董事长,然后安排愿意让出房间的客人到隔壁酒店的行政套房。此时,我们可以说:"作为酒店常客,我希望享受到你们对待董事长时一样的服务。""董事长"就是惯例的例外,而"我是常客"就是那个成为例外的理由。当然对方可能会坚守惯例,那同样我方也可以坚守例外。

所以,当谈判双方互相使用"这是惯例法"和"必有例外法",哪一方获胜就看哪一方有更充分的信息支撑自己的战术并能坚持到底。

## 43 升级套餐法

当我们在快餐店决定购买汉堡时,店员会说:"只需要加10元就可以升级套餐哦,不仅有汉堡还有薯条和可乐,比单点更加划算。"这时绝大部分人都会选择同意。**使用"升级套餐法"的关键原则就是先设法让对方同意"主餐",再让对方加上"副餐"**。

在谈判中,我们可以把提案中的议题分成两部分:一是将必须让对方同意的议题作为第一优先选题,二是把其他的非关键议题作为第二序列选题。等到优先议题谈判成功后,再加入第二序列的议题。

以卖车为例,在这个提案中"买车"就是第一优先议题,"买配套"就是第二序列议题。首先我们要让对方同意购买车,这时再说"只要再加两万块就可以购买高配版"。当对方已经同意第一优先议题，爱上我们的产品或服务，再要求对方同意第二序列议题就会容易得多，毕竟只不过是让对方再多付出一点。

这个战术销售人员也会称为"up-selling"，即"向上销售"。"购买汉堡套餐"、"换大轮胎尺寸"、"增加服务时长"都是一种"向上销售"。在基础的产品或服务之上，想办法让对方购买更好更贵的产品及配置，从而在谈判中做出更多让步，这就是"升级套餐法"。

而如果在谈判中遇到对手使用"升级套餐法"，我们必须清醒地思考以下两点：

1. 我是否负担得起？
2. 套餐中升级的部分是否真的是我想要的？

甚至可以使用"我会回来法"离开谈判现场，以免在现场做出不理性的决定。

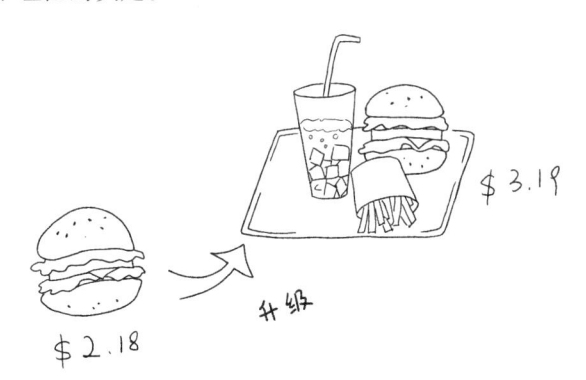

## 44 多要一点法

通常在谈判中，我们会在两个时间段使用"多要一点法"：

1. 成交前的最后关头。

在成交前的最后关头，我们利用成交为条件去"要"更多，可以告诉对方："这个价格还是略高于我的底线，但我也确实非常喜欢你们的产品，如果你把那个配套一并送给我，我就和你成交。"

这个战术也被形象地称为："笔在颤抖法"，意思是谈判代表会在签字时开始颤抖，并告诉对方："我很想签字，但似乎还差那么一点，所以我的笔在颤抖签不下去。"这一战术的心理原理是：当我们的笔正要碰触到合同时，对方就会产生一定的心理松懈，这时再突然拖延签字提出一个小小的要求，对方就会因为急于成交而迅速答应。

2. 成交后的最开始。

在成交完成的最开始我们也可以使用"多要一点法"，可以说："我们都已经成交了，这个零头就不要算了。"出于害怕成交被反悔的心理，对方就很有可能同意我们的诉求。

运用"多要一点法"的关键原则是利用对方已经接受了大部分议题，在此基础上迫使对方接受最后一个小的议题。在成交前的最后关头或刚成交的最开始利用"多要一点法"，来让对方做出更多的让步。

如果遇到对手使用"多要一点法"，首先需要确定对方的"多要一点"是否是真的"一点"。比如，对方要求在1080元的价格中抹去80元的零头，我方是可以让步的，或者使用"你也让让法"，用我方"抹去零头"的让步来让对方也做出"现场汇款"的让步。但如果对方要的并不只是"一点"，那我们就不能做出让步。在接近成交时，我们会出现急于成交的心理，所以就要诚恳地告诉对方："我已经让了很多，再让就要赔本了。"

## 小　结

想让对方多让一点，我们就要学会多要一点，"要的战术"涉及以下八种方法：

一是**"意式香肠法"**：如同切香肠般，把大目标分解成若干个小目标，使对方每次让一小步，积累达成我方的大目标；

二是**"你也让让法"**：以我方的让步换取对方的让步，以谈判中的公平原则，避免单方面让步；

三是**"做了再说法"**：先斩后奏，以难以恢复的既成事实逼迫对方让步；

四是**"自说自话法"**：把对方的犹豫当作成对方会让步，通过半推半就最终促成对方的让步；

五是**"这是惯例法"**：通过有利于我方的"惯例"以及"为什么是惯例"，让对方按照这个惯例来让步；

六是**"必有例外法"**：只要有惯例，就必定有例外，找到例外，并设法让我方做成这个例外，来让对方让步；

七是**"升级套餐法"**：在基础的产品或服务之上，设法让对方购买升级的产品及配置；

八是**"多要一点法"**：在成交前的最后关头或刚成交的最开始这两个特殊时间段，多要一点，促使对方让步。

谈判是一种"有给有拿"的交换。一方面我们要避免自己让步太多，同时要让对方觉得我们给的很多；另一方面我们要尽可能拿到更多，同时不要让对方觉得他做出了很大的让步。这就需要我们针对在不同的情况，巧妙地运用"拿的战术"。

具体而言，只有对方同意让步，"意式香肠法"和"你也让让法"才能奏效。如果对方一开始并不愿意，或者还在挣扎考虑是否让步的时候，我们就要采取什么"做了再说法"、"自说自话法",利用既成事实或者半推半就的方式,促使对方的让步。

相比较以上四种战术,"这是惯例法"则为对方的让步提供了更为合理的理由,是最容易使对方让步的方法,因此我们要在谈判前充分搜集有利于我方的惯例,来增加我方的谈判优势。但如果遭遇对方也使出这一战术,我们就可以反其道而行之,利用"必有例外法",去破解对方的惯例。

此外,"要"的时机也是至关重要的。比如达成基础交易的时刻,我们可以试着运用"升级套餐法",来让对方多买一些从而扩大我方的利益。再如成交前的最后关头或是成交后的最开始,我们可以利用对方急于促成谈判,或是害怕我方反悔的心理,去"多要一点",来让对方做出更多的让步。

# 第十一章
## 议题战术

强调共识法
价值创造法
死鱼干扰法
小题大做法

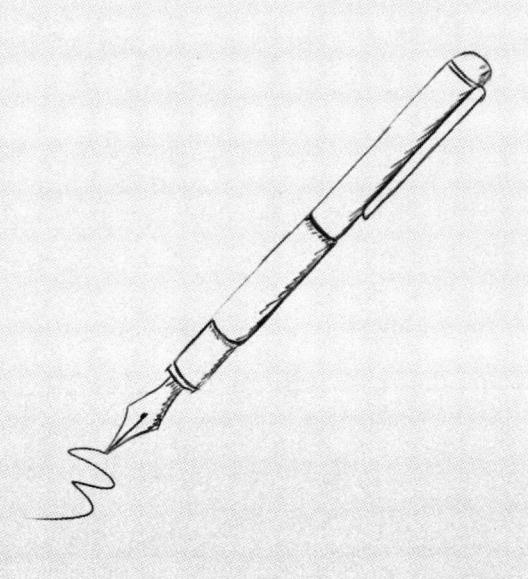

### 议题战术

在谈判中,最简单的议题就是价格,其他如产品规格、数量、包装、保修等等都是议题。甚至在产品和服务之外,双方如何谈判也可能成为议题。

为了保证谈判的效率,我们就必须控制议题的数量,明确"哪些需要吵,哪些可以吵,哪些不能吵"。

---

本章介绍四个"议题战术":

强调共识法——强调双方共识,积累谈判正能量

价值创造法——创造更多资源,消弭分配的争议

死鱼干扰法——设置干扰议题,在乱局中取胜

小题大做法——放大我方损失,换取对方让步

## 45 强调共识法

谈判之所以会发生，一定是某一方需要对方，或者双方互相需要，却有不同的意见。一般谈判双方很容易把重点放在如何解决不同意见上，而忽略一开始双方都同意的事。但在实际的谈判中，我们必须去强调双方都同意的事，这就是"强调共识法"。

比如，一对夫妻因为很久没有约会，决定周末一起出去看电影，但因为丈夫想看动作片，妻子想看爱情片，双方发生了争执，最后不欢而归。这时"一起看电影"就是共识，"看什么电影"就是分歧。对于这对夫妻"一起看电影"的共识其实比"看什么电影"的分歧重要得多，可却因为忘记了共识而产生了一场失败的谈判。如果这时夫妻中有人能使用"强调共识法",结果很可能就不一样了。

**因此,在谈判中只要不断地去强调共识,谈判的正能量就会增加,化解差异就会容易得多。**

在具体的谈判中,我们经常可以找到以下共识:

1. **双方相互需要**。

作为谈判产生的基础,这个共识非常容易找到。

2. **共同的敌人**。

比如,A 企业是双方共同的竞争对手,如果彼此不能促成合作将对 A 企业有利,会损害双方的利益,所以我们需要合作。

3. **共同信仰的某种价值**。

为了找到双方共同信仰的某种价值,我们可以搭配使用"这就是你法"。比如,在买车时,销售员说:"您真是一个注重环保的人,我们的汽车也是。"先不论汽车价格的分歧,在"注重环保"上买卖双方已经达成了共识。

强调共识法不仅被经常运用在企业谈判或是人际关系中,在国际政治上也是经常运用。一个国家为了促成和另一个国家的合作,就会强调:"如果两国不合作,某个可恶的国家就会插手。"或者强调:"某个价值观是两国一直拥有的共识,所以我们应该合作。"当然,在人际谈判中,我们也必须要经常使用强调共识法。

# 46 价值创造法

最简单的谈判就是"给和拿",英文中叫作"Give and Take",但这并不是最好的谈判。最好的谈判不仅要有"Give and Take",还要有"Create",即创造。如果谈判中只注意"Give and Take",不断强调"得失",双方就会产生非常多的分歧。而"Create"则可以让双方在决定如何分配前,先把更多的资源拉进谈判中,从而降低双方分配的难度。简单地说"Give and Take"是在分一块饼,但"Create"却是在把饼做大。

比如,有两兄弟要吃西瓜,西瓜被切得一块大一块小,妈妈要怎么分配?如果只强调"Give and Take"就势必会有争议,分到小西瓜的人自然就会不高兴。而如果妈妈可以"Create"告诉两兄弟冰箱里还有西瓜,让更多的西瓜加入分配,就会更加容易解决甚至消除争议。如果冰箱里已经没有西瓜,妈妈就可以把巧克力也拉进这个谈判规定:"谁吃大西瓜就必须让吃小西瓜的人得到巧克力。"虽然兄弟俩还是可能会有争议,但桌上的东西越多,越容易让双方感到赢得更多,从而降低分配的难度。

再如，某企业想邀请一位知名的专家来开讲座，双方很容易把精力耗费在"Give and Take"上，在酬劳上产生难解的争议。但如果该企业使用"价值创造法"，通常会产生更好的谈判效果。比如，企业知道这位专家喜欢打网球，而正好该企业又是某职业网球队的赞助商，就可以把"讲座后和职业网球选手切磋"作为资源拉进谈判。或是该企业同时经营某知名酒店，就可以把"住最好的行政套房"拉进谈判。

运用"价值创造法"的关键原则就是**在分配之前先发挥创意，尽可能创造谈判桌上更多的价值，而不是直接进入分配**。先不要问吵什么，而先思考一下我们手上掌握了哪些资源可以让利给对方，尤其是那些对对方很有价值却对我方价值不大的资源，虽然对方未必想争取这些利益，但只要利益变多，共识就会增加，谈判就会更加容易地进行。

## 47 死鱼干扰法

"死鱼干扰"来自于西方的一个典故，说的是西方人举行狩猎比赛，谁先打死狐狸并找到自己打死的狐狸，谁就获得胜利。有的猎人枪法好，有的猎人枪法差，枪法差的猎人为了让对手不会轻易找到打死的狐狸，就故意用死鱼在地上涂抹，来扰乱对手猎狗的嗅觉。虽然自己枪法差打不到狐狸，但也可以让枪法好的猎人不能轻易赢得比赛。

应用到谈判中，我们可以抛出一个干扰议题，虽然这个议题并不是重点，但却可以让本该讨论的重点议题受到干扰，这就是"死鱼干扰法"。

比如，我们正在讨论CEO候选人的问题，这时的关键议题应该是候选人对于公司发展的规划。候选人A在管理公司上非常有能力，赢得这个议题的概率非常大，因此竞争对手B决定发布出候选人A过去糟糕的感情记录，在这个议题上A的赢面很小，所以一旦"感情记录"取代"公司管理"成为讨论重点，B就能在谈判中占据优势。即使不占据优势，至少也能将A的精力分散到这些对他不利的议题上，影响A在擅长议题上的无法发挥。

在一般谈判中，有两个干扰议题经常被使用：

**1. 陈年旧账。**

在谈判中一个议题刚讨论到一半，一方突然说："我们之前还有笔账没算"。虽然另一方在现在讨论的议题上理直气壮，但因为在旧账上理亏，也无法继续采取强势的态度。

**2. 方式和态度。**

在法庭上这个干扰议题经常出现，有些律师方的当事人理

亏，就会通过"不停地抗议对方律师态度不佳或用词不当"来制造干扰议题。

"死鱼干扰法"非常类似《三十六计》中的第二计"围魏救赵"。魏国攻打赵国，齐国为了救援赵国就出兵围攻魏国，让魏国必须分散精力来防守，从而达到救援的目的。还有第二十计"混水摸鱼"也是同样的道理，即将水搅混后再设法在乱局中争取利益。

## 48 小题大做法

前文的"死鱼干扰法"是在增加争议,利用让争议变多来干扰本来正在讨论的议题,而"小题大做法"则是进一步扩大干扰议题的伤害。

周星驰电影中有一个"经典"的银幕角色——蟑螂小强。在喜剧电影《唐伯虎点秋香》中,一名婢女不小心踩死了一只蟑螂,死掉一只蟑螂自然无伤大雅,但为了扩大秋香心中的内疚从而获取更大的利益,周星驰饰演的唐伯虎就故意夸大,不但给蟑螂取名"小强"还称它为"亲生骨肉"。这就是**典型的"小题大做法",放大某个议题对我们造成的损失或伤害,来换取对方在其他议题上的让步**。

在商业谈判中,只要产品或服务的规格、数量、运送、包装、质量任何一个议题上不如预期都可以使用"小题大做法",并且要死抓着这个议题直到对方自觉理亏,做出让步为止。

而当我们遇到对方使用上述的"死鱼干扰法"或是"小题大做法"时,最好的应对方式是坚定地留在原定的议程上,不让干扰议题进入这一次的谈判,说:"我们一码归一码,过去那件事或许我有错，但那件事跟我们现在眼前讨论的事无关。"当然对方也可能会坚持干扰议题要和现在的议题一起讨论，这时谁能够坚持到底，谁就将更容易占据优势。

## 小　结

如果想要在谈判中进行让步，就要运用好以下四种"议题战术"：

一是**"强调共识法"**：通过强调双方达成共识的事物，化解双方之间的分歧；

二是**"价值创造法"**：把更多的价值和资源拉进谈判中，消除双方在分配时的差异；

三是**"死鱼干扰法"**：设置干扰议题，扰乱重要议题，制造乱局获取利益；

四是**"小题大做法"**：放大某个议题对我方的伤害，迫使对方理亏让步。

谈判实际上是一个异中求同的过程。"强调共识法"和"价值创造法"都是通过寻找双方的共同点、为双方创造出更多利益，从而营造谈判的正能量，以便于在良好的谈判氛围中更容易解决双方的分歧。此外，我们也会把争议比较小的议题放进谈判，以便寻找到更多的共识。

除了异中求同之外，有时在谈判中，我们会故意地增加一些争议，使用"死鱼干扰法"或是"小题大做法"，通过干扰议题，或是翻旧账，从而分散或牵制住对方的精力，以有利于我方的议题，交换或抵消那些有利于对方的议题，从而在乱局中创造我方的优势。

## 第十二章
## 承诺战术

天堂支票法

白纸黑字法

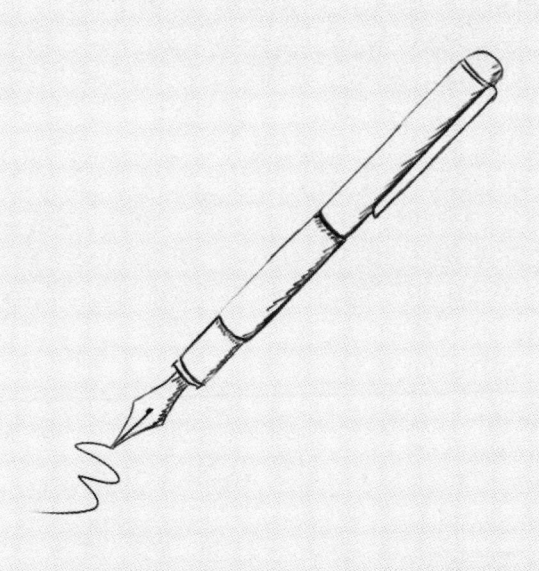

以防万一法

唱盘故障法

### 承诺战术

"承诺"是还没发生但我们要让对方相信会发生的事。承诺在谈判中非常常见,比如在最简单的"给和拿"的谈判中,我们就经常通过承诺未来会"给"换取现在的先"拿"。那如何让对方相信我们会履行承诺,并利用承诺来让我们占据优势?

本章介绍四个"承诺战术":

天堂支票法——以模糊的承诺换取对方让步

白纸黑字法——将对方的承诺落实到书面

以防万一法——设置违约条款,确保履行承诺

唱盘故障法——坚持说"不"也是一种艺术

## 49 天堂支票法

在谈判中，我们经常会牵涉到对于未来的一种想象。比如，我们有时会跟对方描述一个美好的未来，这个未来就是一个天堂支票，它不像真正支票一样是一个具体的数字，也不会涉及非常具体的承诺，而是关于一个模糊的未来。因此哪怕最后没有实现，对方也很难说我们是欺骗。

举一个与爱情有关的案例。女生给男生过生日，男生许了三个愿望："第一，我要赶快毕业找个好工作，存钱买自己的房子，然后把你娶回家；第二，婚后我要和你一起生个孩子，无论男孩女孩都长得像你，这样男的就会帅，女的就会美。"女生听完这两个愿望已经如同置身天堂一般，结果男生说：

"第三个愿望我不知道说出来你会不会生气。"女生当然说没关系，男生就说："我这个月手机账单差了500元，你能帮我出这500元吗？"如果把这个过程比作一场谈判，前两个愿望就相当于是男生许诺给女生的"天堂支票"，目的是为了换取女生"借500元"的让步。

"天堂支票法"在买卖中最常见的例子是"介绍朋友来买"。比如，顾客在与老板讨价还价时，会说："你给我便宜一点，我认识我们公司的采购主管，如果我觉得你这个东西好的话，我会让我们公司来买，到时候采购量就大了。"在这句话中，"让我们公司来买"、"采购量很大"就是典型的"天堂支票"，虽然听起来想象空间非常大，但其实没有任何具体的承诺，卖方一旦动心之后，哪怕最后承诺没有兑现，卖方已经在价格上做出了让步。

运用"天堂支票法"的关键原则是**让对方用现在切实的让步换取我们为他勾勒的大梦**。很多投资专家都爱说的一个词叫"本梦比"。用"本"非常少，"梦"非常大，而让人忽略"本"是实在的，"梦"是空的，从而产生吸引力。

## 50 白纸黑字法

"白纸黑字法"经常是被用来破解"天堂支票法"的战术。

比如,在上述买卖谈判的案例中,如果卖方要破解买方的"空头支票",就可以要求买方用白纸黑字写下承诺:"某年某月某日我向某人八折购买了某商品,并承诺半年内介绍我公司采购来购买,且采购数目不少于1000份,否则将便宜的二折部分悉数退还。"写下来的承诺自然比口头的承诺算数得多,因此卖方就可以放心地降价。

在企业谈判中,几乎所有的企业都会使用"白纸黑字法",把双方的承诺写成合约以保障双方利益。但在人际关系或是家庭关系的谈判中,很少会有人运用这个战术,因为使用"白纸黑字法"有一个必然的代价:向对方传达不信任感。

所以,在使用"白纸黑字法"时,就需要搭配一些其他办法:

**1. 使用"这是惯例法"。**

比如,在企业谈判中,我方想让对方将承诺写进合同,就可以说:"我们公司规定必须签订合同,这是我们的惯例。"再

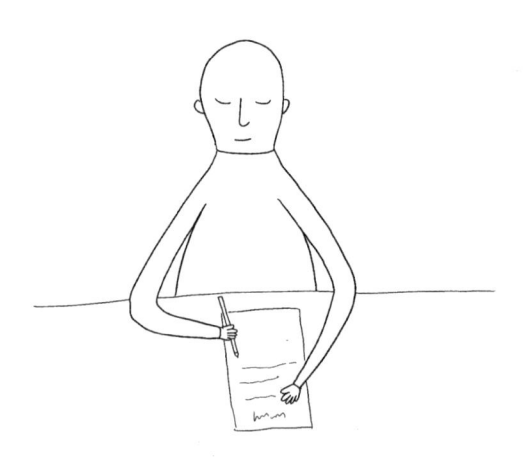

如，在人际关系的谈判中，我们要求朋友打欠条时，可以这样说："我一向都是这样的，你看 A 和 B 跟我借钱都是打欠条的，这是我的习惯。"

**2. 传达信任。**

在使用"白纸黑字法"战术时，我们可以不断跟对方强调"我不是不相信你"，以消除对方产生的不信任感。这一点在人际关系的谈判中尤其重要，我们还可以补充说："写不写下来其实并没有那么重要，但如果你坚持不写，我也觉得很奇怪，那你就写写让我对你更有信心好吗？"

虽然我们可以搭配一些其他的办法运用"白纸黑字法"，但在人际关系的谈判中，如果我们最后只剩该战术可以使用，这种情形是非常糟糕的。最好的办法仍然是和对方建立起信任关系，并让对方知道一旦背弃这个信任关系，会对双方造成严重伤害。如果我们和对方既没有良好的关系，也没有信任的时候，"白纸黑字法"仍然是对付"天堂支票法"最好的战术。

## 51 以防万一法

"以防万一法"的使用情境有两种：
**一、对方没有兑现承诺如何处罚？**

在此情境下，首先需要思考清楚对方违约会对我方造成什么样的损失，以及要如何处罚才能弥补这一损失？然后以此制定违约条款。这时，我们需要明确有什么手段，能让对方"痛"，如果没有，那么对方违反承诺的代价就会很小，可能会使处罚条款无效。

比如，在国际谈判中，要让对方"痛"，通常就是某一国对另外一国实施经济制裁，或是到国际法庭对对方施以法律制裁，也可以通过外交或军事施压。而如果这些手段都不能使对方"痛"，那么这个国家要让对方履行承诺的难度就会变大了。

再如，在企业培训中，我们要出资赞助一个员工去读EM-BA。这时需要思考：如果员工跳槽到其他公司，我们该如何施以惩罚才能弥补损失？如果员工承诺："如果跳槽我就退还培训费。"这时我们继续思考：如果对方违反这个口头承诺，我们有什么手段让对方"痛"？可以搭配"白纸黑字法"让对方签下合同，而且只是"退还培训费"并不足够"痛"，还可以加上"不准跳槽到竞业公司"、"赔偿双倍违约金"等惩罚条款。

**2. 我方没有兑现承诺如何逃生？**

为了避免我方没有兑现承诺这种情景的发生，需要事先思考清楚什么样的情况下我们会想要违约？什么情况下我们违反承诺可以不受到惩罚？然后以此制定逃生条款。

比如，在人际关系的谈判中，如果我们承诺永远爱对方，那前提自然是对方也必须永远爱我，如果对方先变心，我自然也可以违反承诺而不被惩罚。

再如，在上述企业培训的案例中，如果从这个接受培训的员工的角度来考虑，我们就可以在合约上增加"限定时间两年内"、"公司需要提供合理的晋升渠道"等逃生条款。

"以防万一法"是一种未雨绸缪的战术，任何承诺都可能不被兑现或者不想兑现。因此，在做出承诺时一定要思考清楚。"以防万一法"最关键的是**要使对方易罚难逃，处罚条款明确并对对方有实质损害，逃生条款少而明确；但我方则希望难罚易逃，处罚条款少且不造成实质损害，逃生条款多且存在弹性解释空间。**

## 52 唱盘故障法

在谈判中,当遇到对方逼迫我们做承诺时,就可以运用"唱盘故障法"。

这个战术讨论的是说"不"的艺术。有的人说"不"会很坚决,让对方相信一点机会也没有;有的人说"不"会很有弹性,好像是有机会改变的。如果有人不断纠缠要我们做出承诺,对方就是在赌我们所说的"不",是不是不够坚决?如果对方觉得不够坚决,他就会采取纠缠的手段,让"不"变成"是"或"好"。

比如,一男一女独处时,男生想要对女生有一些逾矩的行为,女生会选择说"不"。但如果这个"不"说得不够坚定,就可能送出错误的信号给对方。男生第一次逾矩时,女生说:"请你不要这样!"男生第二次逾矩时,女生说:"我不是跟你说不要这样吗?"等到第三次时,女生说:"哎呀,你怎么这样?"第四次时,女生则说:"这样不好吧?"从第一次到第四次,每一次的"不"都不一样。如果在对方步步紧逼时,我们说出的"不"不够坚定,反而传达出一种步步退让的感觉,对方就有可能冒着风险逾矩。

所以，在面对对方逼迫我们做出承诺或是让步时，我们要用**"唱盘故障法"来让"不"更加坚定，且每一次所说的"不"必须都一样**，如同唱盘上的跳针一样，在同一个词句上不断反复，与"重要的事情说三遍"同理。这样，通过坚定地传送出"不"的意志，避免做出不必要的承诺或让步。

## 小　结

在谈判中，关于承诺的战术，具体有如下四种：

一是**"天堂支票法"**：以对于未来的模糊承诺，换取对方现在切实的让步；

二是**"白纸黑字法"**：将口头的承诺以白纸黑字的形式写成合约，以保障双方利益；

三是**"以防万一法"**：设置惩罚条款，防止对方不履行承诺，同时想好出逃对策，来应对我方无法履行承诺的情形；

四是**"唱盘故障法"**：对方逼迫我们做出承诺或是让步时，坚决地说"不"。

在谈判中，要让对方相信我们会履行承诺，可以利用"天堂支票法"，以口头的承诺来换取现实的利益。但如果对方并不信任我方的"空头支票"，就可以利用"白纸黑字法"，以书面的形式增加承诺的可信度。

反之，要让对方履行承诺，在利用"白纸黑字法"之外，可以追加"以防万一法"，将惩罚的条款写进合约中，以提高对于谈判对手的约束力。"以防万一法"的另一个作用是为自己留一条"逃生条款"，以应对我方不能兑现承诺的情况，将自己的损失降到最小，但如果遇到强硬的对手逼迫我方做出违背我方本意的承诺时，就要搬出"唱盘故障法"，坚决地对对方说"不"。

# 第十三章
## 表演战术

请示上级法
黑脸白脸法
假装动怒法
假装受伤法

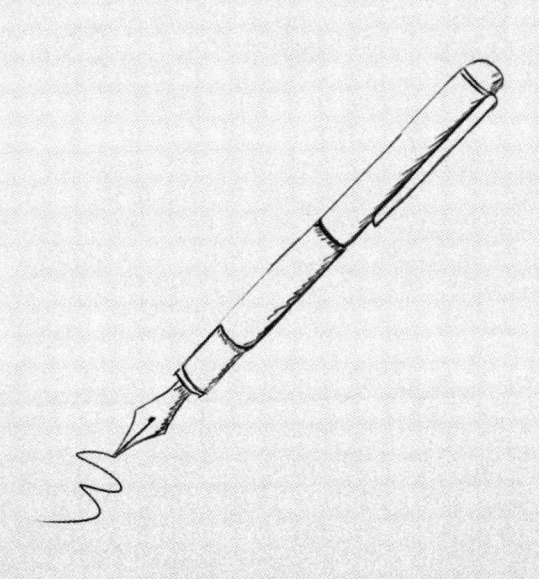

### 表演战术

　　谈判是通过沟通来化解差异，尽管谈判双方坦诚相待是最理想的状态，但对方未必像我们所想的那样诚实，甚至还可能用表演的方式来误导我们。

　　因此，一方面我们必须识破对方的表演战术；另一方面我们也可以运用"表演战术"来让对方造成误判，赢得谈判的优势。

本章介绍四个"表演战术"：

请示上级法——请示上级，把控谈判节奏

黑脸白脸法——以黑脸的坏，放大白脸的好

假装动怒法——表达怒意以要求对方的让步

假装受伤法——通过示弱以博取对方的让步

## 53 请示上级法

"请示上级法"即假装请示上级,来把控谈判的节奏,无论这个上级是否真实存在。

比如,在日常买卖中,我们常会听到销售员说:"这件事我很想同意,但我必须请示一下上级。"过了一会,再回来告诉我们:"非常抱歉,上级没有同意。"或:"我们上级不能同意100万,但可以到102万。"这时,销售员运用的就是"请示上级法",真实的情况可能是销售员根本没有请示上级,只是假借上级之口说出"不同意"。

运用"请示上级法"这一战术的优势在于,一旦我们相信了对方的表演,虽然对方拒绝或部分拒绝了我们的要求,但我们却没有办法责备这个销售员，相反还要感谢对方为我们做了"请示上级"的努力。

这一战术在企业谈判中非常常见，因为所有的谈判代表都可以真正找到上级，而无需假装有上级，这就降低了表演的难度，让对方更容易相信。主管上面有总经理，总经理上面有董事长，董事长上面还有董事会，所以每个人都可以运用这个战术，把我们拒绝对方的理由推给上级。

当这一战术运用在日常买卖或者家庭谈判中，则通常是假装有上级。比如，顾客在买卖中说："这个我需要回家问问老婆。"再如，爸爸在面对孩子的诉求时说："这个我需要问问你妈妈。"

运用"请示上级法"时，如何让对方更容易相信？首先我们需要具备一定的演技，在此基础上还可以做到如下几点：

1. **上级消失**。

上级消失，意为不要让对方接触到上级。比如，销售员说请示上级时，会离开卖场，返回办公室，所以我们并不会见到对方口中的上级。

2. **串通上级**。

与"上级消失"的方法所不同的是，有些销售员会让顾客看见自己请示上级的过程，让我们隔着玻璃亲眼目睹他向上级争取的画面，同时上级也会配合销售人员一起表演肢体剧。

破解对方的"请示上级法",我们可以运用"叫出上级法",直接要求与对方上级见面甚至直接谈判,类似于《三十六计》中的"擒贼擒王"。如果对方一直拒绝,我们就可以判断对方的上级可能是不存在的;如果对方同意,我们就可以借由见面进一步确认对方上级的虚实。如果对方的上级是真实存在的,可以起到人选战术中"叫醒死人法"的类似效果,一旦上级说出与销售员不同的意见,我们就通过让对方"自相残杀"来获取优势。

总之,在面对对方"请示上级法"时,我们并不一定要拆穿对方,但心里一定要有清楚的判断。

## 54 黑脸白脸法

"黑脸白脸法"和"请示上级法"相类似,但"请示上级法"通常只有一个演员,而"黑脸白脸法"则至少要有两个演员。

在西方,这个战术也叫"好警察坏警察法"。先让一个好警察来问案,如果这位嫌犯不招的话,就会让坏警察出场,冲进来把嫌犯推倒在地:"你招不招,信不信我宰了你!"接下来，好警察马上会说:"你别打他，他会招的，你出去我来问，你忘了上个月你就是在另一个警局打死了人才调到这里来吗?"等坏警察离开了房间，大多时候，嫌犯就会很容易招供了，甚至还会说:"我全都招，别让他再进来了。"

在企业谈判中，公司一般会让其中一个部门当黑脸，另外一个部门当白脸。比如，负责审查的财务部门经常会充当黑脸，而谈判代表通常都扮演白脸。**黑脸的存在就是为了帮助白脸做铺垫**，因为有了这个黑脸的存在，明明白脸的让步非常少，我们也会觉得白脸做了比较大的让步。

在国际谈判中，有的国家会让民意部门和行政部门分别扮演黑脸和白脸。通常情况下，会让民意部门充当黑脸表示民众的反对意见，来向其他国家施压;而由行政部门充当白脸，和其他国建立起友好的关系。

在家庭谈判中，许多父母也会使用"黑脸白脸法"。比如，妈妈充当白脸说:"你就听妈妈的吧，不然你爸知道的话，他会打断你的腿。"这时爸爸再负责充当打断腿的黑脸。但为了更好地维系亲子关系，父母双方可以轮流在不同领域充当黑脸。如在学习成绩上，妈妈充当黑脸，爸爸扮演白脸;而在交朋友上，爸爸充当黑脸，妈妈扮演白脸。

要破解对方的"黑脸白脸法"，我们必须明确:我们本来会做哪些要求，本来会做哪些让步?要记住，在谈判场中，黑脸只是配角，白脸才是主角。因此，我们绝对不能被黑脸的任何行为所干扰，不能去改变我方本来要对白脸所做的事，更不能做出超过原来程度的让步。

## 55 假装动怒法

"假装动怒法"，即假装发火动怒来压制对方，让对方心生恐惧。

在谈判中，我们可以告诉对方："因为某个原因我非常生气，这对我来说没法容忍。"这个"原因"可以是和对方产品/服务直接有关的行为，也可以是和对方谈判有关的行为。这时对方就可能因为害怕我方的"生气"，而做出相应的让步。

比如，在日常买卖中，如果我们愤怒地告诉卖方："明明是我先来的，你怎么可以把它先卖给别人呢，这实在太过分了！"这时就是在运用"假装动怒法"。同时还可以搭配"叫出上级法"来表达我们的愤怒："现在立刻把你们店长叫出来。"

要将"假装动怒法"发挥出更好的效果，可以**用真实的怒气作为基础，然后运用表达的手段告诉对方："我生气了"**。但必须要注意，我们表达愤怒的言语和行动都要在可控制范围

内，这只是一种谈判的战术，不是纯粹的生气和发怒。在利用这一战术达成让对方让步的目的后，就应该控制好我们的情绪，而不是做出一些非理性的决策，导致谈判破裂。

## 56 假装受伤法

相比较"假装动怒法"的强硬，让对方产生畏惧；"假装受伤法"则是用来软化对方，让对方心生同情。在谈判中，我们可以告诉对方："你这个行为让我非常伤心。"

虽然在一般情况下，谈判是比拼谁的实力更强，谁的筹码更多，但有时通过"假装受伤法"来示弱，也可以让对方做出让步。尤其当我们说出"我方与对方的合作关系过去是如何密切""我方对于对方的信任是如何高"等理由时，更会使这个战术发挥出效果。

这一战术常被运用在企业谈判中，比如对方要换合作厂商时，我们可以说："我们公司一直是贵公司长期的合作伙伴，我司的同仁明明发高烧还在不眠不休地赶制你们的产品，现在你们竟然告诉我们，你们要换合作厂商，这样对得起我们吗？"当我们提出这种柔性诉求时，就有可能得到对方的补偿道歉或是替代方案。如果发现"假装受伤法"无效，我们还可以继续搭配"黑脸白脸法"，让另一个同事使用"假装动怒法"，通过战术组合达到想要的目的。

在家庭谈判中，弟弟/妹妹也经常会向哥哥/姐姐使用这一战术，因此又叫作"眼泪法"或"哭赢法"。如果弟弟/妹妹大哭说："好吃的都给你吃了，我什么都没有。"这时哥哥/姐姐很难完全不为所动。可以说，"假装受伤法"就是**运用眼泪来争取对方让步的一种战术。**

类似于"假装受伤法"的战术还有许多，如"假装可怜法"、"假装可爱法"等等。因此，当我们在谈判中想要对方让步，并不一定要通过生气、胁迫，而可以是"拜托啦"、"求求你"、"帮我个忙嘛"这样温柔、可爱的方法。如果使用该战术时再搭配"迷人代表法",还会增加战术的成功率。比如,电影《怪物史瑞克》里有一只靴子猫,平常看着奸诈邪恶,但当它跟人要东西时,它就会把眼睛张大,忽闪忽闪,绝大部分人对它那张宇宙无敌的可爱面孔都难以抵抗。

运用"假装受伤法"时,也要做到可控,将情绪控制在一定的范围内。如果不能收放自如,就很可能因为情绪失控而导致谈判破裂。

## 小　结

"表演战术"具体有如下四种:

一是**"请示上级法"**:无论上级是否存在,都假借上级之口说出拒绝;

二是**"黑脸白脸法"**:一个人充当黑脸,一个人扮演白脸,两者配合表演,通过对比放大白脸的让步;

三是**"假装动怒法"**:利用对方害怕我方生气的心理,我方假装动怒,从而使对方做出相应的让步;

四是**"假装受伤法"**:以示弱的方式博取对方的同情,从而争取到对方的让步。

在谈判中，适时适度地运用"表演战术"，可以使我们在谈判中更占据优势。尽管表演都是虚假的，但一定要保证表演是可信的，不能漏洞百出，不然就会失去对方的信任。

如果我们不想向对方让步，就可以运用"请示上级法"和"黑脸白脸法"，或借由他人之口直接说出我方的拒绝，或借由他人的为难来减少我方的让步。如果我们想让对方让步，可以运用"假装动怒法"和"假装受伤法"，借由动怒或受伤的情绪来促使对方的让步。

在遇到对方运用"表演战术"时，关键的原则是不要拆穿。因为在通常情况下，拆穿不仅无效，还会让对方继续使用"小题大做法"，放大我们的行为对其造成的愤怒和伤害。所以，在面对对方的"表演战术"时。我们可以聆听、安慰、等待，但千万不要被对方的情绪影响，要坚持自己本来的要求和让步即可。

## 第十四章
# 关系战术

我是好人法
往者已矣法
充耳不闻法
顺着毛摸法

## 关系战术

在谈判中,我们需要运用"关系战术"来强化我方和对方之间的关系,从而达到谈判最高的境界:在做好对抗准备的基础上,争取与对方以对话的方式来谈判。只有这样,双方才可以在谈判中收获到更多。

本章介绍四个"关系战术":

我是好人法——以友好的态度促成谈判

往者已矣法——不把过往的恩怨带进谈判

充耳不闻法——不去理睬对方的攻击语言

顺着毛摸法——三步化解对方的负面评价

## 57 我是好人法

通常我们会用狼与羊的比喻,来形容谈判中不同类型的谈判者。

"狼"一般指谈判中的强者,有勇有谋、懂得运用战略战术;而"羊"则用来指代谈判中的弱者,经常处于被动与退让的地位。因此,许多人认为"狼性"是成功谈判者必须具备的条件,而绝对不会去做"羊"。

但其实最好的谈判绝对不是"狼对狼"的谈判,而是"羊对羊"的谈判。与其像两匹狼争抢一块肥肉一样拼得你死我活,为什么不能像两只羊一样共享一个辽阔的草原呢?

"我是好人法"就是促成"羊对羊"的谈判的一种战术。

在谈判中，我方展现出与人为善、乐于沟通的形象和态度，也会促使对方以同样友善的态度来进行谈判。通过表现出我方对于和建立双方关系的重视，来压制甚至消除对方的"狼性"。

运用该战术的关键就在于如何展现"我是好人"，这就涉及好人的两个重要特质：

**1. 好人最重要的特质就是诚信。**

其中，诚即诚实。在使用"我是好人法"这一战术时，我们必须更加坦诚。通常在谈判中，一般谈判者都会对某些信息有所保留，我们就可以反其道而行。比如，我们可以对对方说："我必须要诚实地告诉你下个月这个产品就会有新的型号了，新型号虽然有一些改进，但是价格也会提高，如果你买这个旧型号，其实价格上会更划算。"这就是我们呈现出"我愿意开诚布公"的诚实态度。

信则是相信。在坦承对待对方的同时，我们也要展现出对于对方的信任。比如，我们可以对对方这样说："你刚说的话虽然我没有去证实，但因为是你，所以我完全相信。"

当我们向对方展现出我方诚信的特质，就更为自然地展现"我是好人"了。

**2. 好人愿意聆听和理解对方。**

当我们总能专注地聆听对方的诉求，并且总是能展现出理解和支持对方所表达观点的态度，对方就更容易感觉我们是一个好人。

这时，我们就更容易在谈判前就成为对方的朋友。当我们在展现"羊性"的友爱时，对方也可能放下自己的"狼性"，从而达成我们的目的：通过沟通、理解、诚实、信任来与对方做朋友，从而让对方以对朋友的方式来对待谈判。

但我们绝对不能完全放松警惕，对于对方全盘信任，而是遵循缓慢的原则，在表现出一定的诚实态度之后，要适时观察对方是否也给予了诚实的反馈；在给出对方一定的信任之后，观察对方是否也同样地信任我方所说的话。美国总统里根曾说过"要信任，但要查证"，就是这个道理。

但如果遇到对方运用"我是好人法"时，我们必须时刻保持警惕，在做好一定防范后进行"羊对羊"的谈判，对方重视关系我们也重视关系，对方重视沟通我们也重视沟通。

## 58 往者已矣法

"往者已矣法"即把过去的怨恨都放下，重新与对方展开合作的方法。因为当我们把怨恨的情绪带入谈判中，就会滋生报复对方的心理，就会展露出"狼性"。俗话说："世上没有永远的朋友，也没有永远的敌人。"后半句话正是"往者已矣法"的原理。

无论在个人、企业还是国际谈判中，关键点不在于双方过去是不是敌人，而在于今天的合作能否创造双方的利益。如果现在的合作对对方都是有利的，想要达成合作，就必须**放下过去的怨恨，一笑泯恩仇或是找办法化解**，这样才能提高双方合作的机率。

同时，我们也要查证"化敌为友"是双方的，而不仅是我方单如此。在"卧薪尝胆"的典故中，越王勾践兵败吴王夫差后，表面上假装已经"往者已矣"，但却在一直处心积虑地等待反攻的良机。尤其在对方运用"往者已矣法"时，我们更应该对于对方的"狼性"有所警惕。

## 59 充耳不闻法

在谈判中，如果对方对我们使用负面语言或是攻击性语言，这个时候就要使出"充耳不闻法"，假装没有听见。

无论对方用任何情绪性的攻击用语，我们都不能去还击去回应，而是应该把话题拉回到议题和利益上。无论在企业谈

判,还是在日常的人际谈判中,如果谈判到一半,对方突然说:"你们公司(你)对我而言就是一群(只)猪。"如果遵从第一反应去回骂,谈判就会进入到情绪对抗的状态,不但对解决问题无济于事,反而会让问题更加扩大。

在谈判中,我们必须清楚地认识到:当对方使用情绪用语时,一定是与某个议题或利益有关。因此,最重要的是**要迅速地找出这个"原因",并做出应对方法**。比如我们刻意这样回应对方的情绪用语:"我知道你很在意我们所提供的产品质量不够好,希望我们能进一步提升,我们已经拟定了改善质量的方案。"我们要把话题拉回到谈判的重点,而不要跟着对方的情绪走。

举一个企业谈判的案例，如果对方说："你们这家公司简直是一个吸血鬼。"那很明显对方这么说的原因是认为我方收费不合理。这时我们就可以回答："我们别做没有意义的争吵。我们的收费不但是合理而且是有依据的，如果你了解其他公司的收费，你就知道我们的价格非常实惠。"只需要解释清楚我们的立场，完全不需要理会"吸血鬼"这一情绪用语。

在谈判中，怒气失控对于我们是非常不利的。但每个人身上都会有容易被激怒的点，这个点被称为"情绪热点"。一旦我们的"情绪热点"被戳中，就很容易动怒而做出不理性的决策。所以，务必要坚持运用"充耳不闻法"，过滤掉所有情绪用语。

## 60 顺着毛摸法

"顺着毛摸法"这个战术在西方的谈判教学里非常有名，对应三个英文单词：Feel、Felt、Found，即"我了解你的想法"、"很多人也跟你有一样的想法"、"但后来他们都不这么想了"。

使用"顺着毛摸法"的关键原则是：如果对方做出了对我方产品和服务的负面评价，千万不要立刻反驳，而是要用"我了解你的想法"、"很多人也这么想"、"他们后来就不这么想了"这三个步骤来回应,**传达出我方愿意聆听和理解对方的态度**。

在谈判中,通过使用"顺着毛摸法"来传达我方的聆听和理解,往往比直接说服对方更容易获得成功。

比如,如果我们负责卖净水器,结果有一个潜在顾客说:"这个净水器水是不用煮开的吗?不煮开的水我可不敢喝。"这时候千万不要立刻反驳说:"你错了,其实水煮沸所损失的营养更多。"而要用"顺着毛摸法"回答:"其实我以前也以为水一定要煮开才能喝,我老婆也是,后来我们看了公司实验室的检验报告才知道,这个净水器过滤出来的水比煮沸的水还营养、干净,现在我老婆都不准我把水煮沸了。"

如果遇到对方运用"顺着毛摸法"这一战术,与其激烈地回应,不如直接接受对方的善意,开始"羊对羊"的谈判。但如果我们就是想激怒对方,致使对方做出不理性的决策,或者要在对方回击的话语中找到把柄,我们就可以运用"假装动怒法"。但这样做不一定能帮助我们的谈判,反而会损伤我方的形象。

## 小　结

要想达成"羊对羊"的谈判，就要经营好双方之间的关系，可以运用以下四种战术：

一是**"我是好人法"**：以诚信、愿意聆听和理解的态度，去建立双方友好的关系，达成"羊对羊"的谈判；

二是**"往者已矣法"**：将双方之间过往的恩怨全部放下，以新的对话态度来促成合作；

三是**"充耳不闻法"**：面对对方的情绪性和攻击性语言，不要回应，而是选择不要理睬；

四是**"顺着毛摸法"**：以"我了解你的想法"、"很多人也这么想"、"他们后来就不这么想了"这三个步骤来回应对方对于我方的负面评价。

综上，"我是好人法"是在增加友好的能量，"往者已矣法"则是减少谈判中怨恨的能量，因为友好总是能带来友好，而怨恨总会招致怨恨。比起狼对狼、邪恶对邪恶、计谋对计谋的谈判，只有友善对友善的谈判，才可以帮助双方争取到最大的利益。

"充耳不闻法"是在排除对方的情绪性语言对于谈判的干扰,"顺着毛摸法"则是减弱对方的负面评价对于谈判的干扰。比起情绪对情绪、攻击对攻击的谈判,只有尽量排除谈判中的不利因素和干扰选项,双方才能更为理性地作出决策,达成双赢。

第十五章
**知识战术**
知识大赛法
铁证如山法

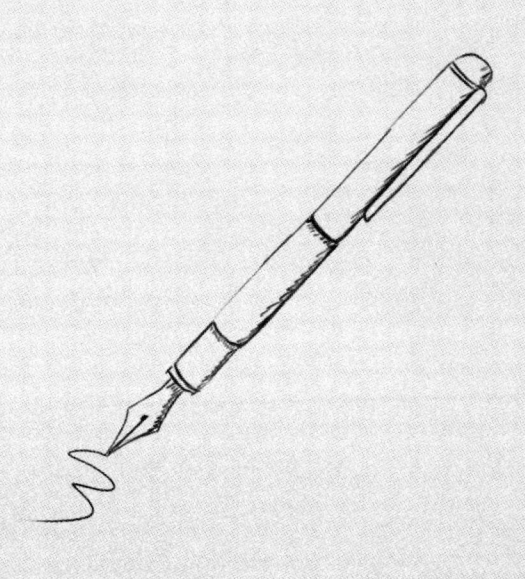

### 知识战术

要在谈判中占有优势,信息的获取非常重要。因为谈判经常是知识战、信息战,为此我们必须在谈判前做好充分的知识准备和信息搜集。

本章介绍两个"知识战术":

知识大赛法——用充分的知识获得优势

铁证如山法——用确凿的证据支撑观点

## 61 知识大赛法

"知识大赛法"即在谈判中发动知识大战,哪一方的知识准备更充分,哪一方就更具有优势。

比如,对方使用了"这是惯例法"说:"根据相关法规,我们没有权利提供该产品和服务给你。"这时,如果我方对相关法规有充分的准备,就可以发动知识大战:"请问你说的规定,是哪一个法律的哪一项规定呢?我仔细研读过,并没有你们说的这条规定。"只要对方的知识准备少于我方,我们就可以运用"知识大赛法"占据谈判优势。

再如,顾客在买车时说:"我听说,另外一家专卖店的车的配置和你们店里的一样,但是要比你们店的更便宜啊。"此时，销售员可以回答说："我曾经在那里工作过，你说的这款车那家店卖100万，我们店只要99万，更加便宜。"如果这一顾客并没有充分的市场调查，而销售员又有常年的工作经验和更为充分的信息，顾客就必然处于劣势了。因此，越是知识准备充分的谈判者，越不害怕讨论细节。

"知识大赛法"可以搭配"军容壮盛法"一起使用。为了压制对方让对方无心对抗，我方可以在谈判前准备好所有的证据资料，并在每一个证据上都沾满书签，然后带到谈判现场。

通过展示我方的充分准备，来让对方知难而退。

此外，"知识大赛法"也可以搭配"深藏不露法"。为了让对方放松警惕，我方可以先伪装成完全不懂的小白，等到讨论关键议题时突然发难。这样不仅会让对方措手不及，还可以让对方产生我方深不可测的错觉，从而不敢正面交锋。

在运用"知识大赛法"时，无论搭配"军容壮盛法"还是"深藏不露法"，只要我方做了充分的准备，就能在谈判中占据优势。

遇到对方运用"知识大赛法"时，我们必须清楚，一旦在知识准备上有所不足，我方必然会处于劣势。因此，破解"知识大赛法"的办法是在谈判前做好信息搜集的工作。而搜集信息也是有技巧可循的——使用"单点突破法"。举一个简单的例子，如果我们是一个不关心汽车的普通顾客，在买车时遇上

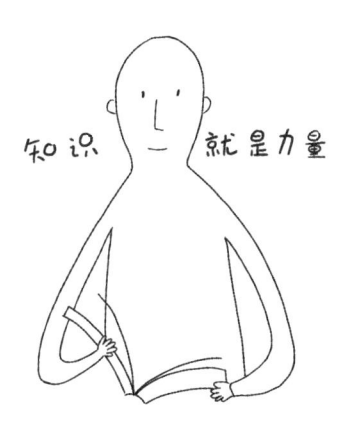

一个资深的销售员该如何应对呢？其实，我们在做信息搜集时，就可以只针对我们要买的那一款车，并只针对这款车进行谈判。如果我们对这款车了如指掌，对方销售员也可能会产生我们深不可测的错觉。因此，在准备时间有限时，使用"单点突破法"，至少可以让我们在关键议题上做好准备，从而来避免对方的全面压制。

## 62 铁证如山法

相较于"知识大赛法"是靠充分的知识准备获得胜利，"铁证如山法"则要求拿出更加具体的证据。在谈判中，我们总是会作出某些主张，强调我方产品的优势或是攻击对方产品的缺点，而这些主张需要具体的证据来支撑。

当我们找到一些看得见甚至摸得着的铁证，来证明我方的观点时，运用的就是"铁证如山法"。比如，笔者所任教的世新大学是一所擅长新闻传播的学校，很多学生毕业后会担任记者的工作。其中某些权威媒体的美食记者只要不小心被餐厅发现，通常都会被当成上宾来对待。因为如果这位记者能写一篇有利于这个餐厅的报道，餐厅就可以把权威媒体的报道作为铁证，以"某某电视台倾力推荐"为由吸引到更多消费者。可见，口头上的描述往往比不上可以看得见或是摸得着的铁证，就像餐厅的自我宣传永远比不上"电视台推荐"。

"铁证如山法"不仅要在成交前使用，完成交易后同样适用，通过不断地强调"铁证"，让对方知道这笔交易是非常正确的，从而产生更多的购买欲。

比如，一所大学不只在争取学生时会使用"铁证如山法"，告诉学生这所大学的排名非常高；在学生入学后还会运用同样的手段，不断地公布学校"获得了某奖项"、"取得了某个成绩的突破"，从而增强学生的荣誉感，甚至让学生继续选择该学校读研读博。

如果要破解"铁证如山法"，同样得使用该战术，找出对方某个经得住推敲的反证。只要我们找到一个反证，就可以同时削弱对方所有的铁证。以上文的餐厅为例，即使这个餐厅有许多媒体的正面报道，但只要我们找到一个权威媒体的负面报道，就可以在一定程度上破解该餐厅的"铁证如山法"。

## 小　结

要把知识变成自己的谈判武器，可以运用以下两种战术：

一是**"知识大赛法"**：以充分的知识准备，在谈判中发动知识大战，以赢得对手；

二是**"铁证如山法"**：以强有力的具体证据，支撑我方的观点，占据谈判优势。

综上所述，无论是"知识大赛法"还是"铁证如山法"，都是为了打赢知识战。因此，我们必须拥有广泛深入的知识和具体确凿的证据，这正是两个战术最核心的原则。总之，在谈判前我们的知识准备和证据搜集得越充足，我们在谈判中获得优势的可能性就越会提高。

## 第十六章 情报战术

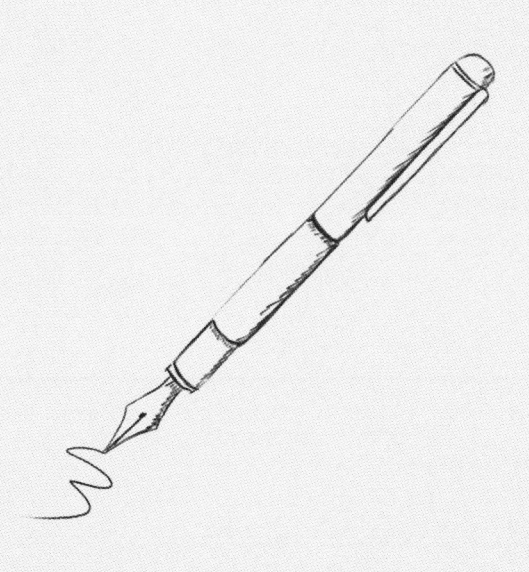

惜字如金法

试探气球法

### 情报战术

谈判会涉及非常多的情报,比如对方有多少筹码,对方的存货数量,对方是否有别的买/卖方,对方对我方有什么了解?而要打赢情报战,就需要运用好"情报战术"。

本章介绍两个"情报战术":

惜字如金法——保密、保密、保密

试探气球法——通过试探,获取更多信息

## 63 惜字如金法

如果我们在谈判中不想透露太多的情报，就要惜字如金。反之，如果我们能让对手多说话，就可以了解到更多对方的情报。这时"敌在明而你在暗"，我们就能在谈判的初期得到情报的优势。

比如，有一个大学男生对某个女生感兴趣，这时他通过观察发现女生总是看经济相关的书籍，于是男生就问："你是经济系的学生吗？"这时男生就是直接在探听情报了，而女孩就要决定分享多少关于自己的情报给对方，于是情报战就开始了。如果这个女生决定分享很多情报给对方，女孩就可以说："我是会计系三年级的学生，不过我辅修的是经济学，你呢？"

这时女生不止回答了"她是不是本校经济系的学生"的问题，还直接透露了"我是会计系"、"三年级"、"辅修经济学"三个情报。如果女生觉得在对方还没有透露情报之前不可以说这么多，就只要简单回答"嗯"，甚至说"不好意思，我要看书"来结束沟通。这时，女生就是运用"惜字如金法"来保护关于自己的情报。

在日常生活中，小孩总是更容易比大人说出更多。本来我们原本打算运用"深藏不露法"，但如果孩子对销售人员说："妈妈说不可以告诉别人我们家住在豪宅。"这时我方的财力情报就不小心被透露了出去，"深藏不露法"就直接失效了。因此，**在谈判中透露太多情报，是十分危险的。**

"惜字如金法"不仅可以运用在语言上，也同样适用于表情。因此，"惜字如金法"又被叫作"扑克脸法"，意思是在打牌时，我方通过观察对方的表情，来判断对方手中牌的好坏。反之，如果我方不想通过表情透露出过多的情报，就应该无论拿到什么牌，都保持同样的表情。

一般情况下，"惜字如金法"多在谈判初期使用，不会在整个谈判中一直使用。

谈判开始时，我方先运用"惜字如金法"，尽量不要透露出我方过多的信息，而是设法让对方透露出更多的情报，再去核实情报的真伪。之后，我方就可以适度地透露出一些情报，让对方了解我方的需求，为我方提供满足需求的提案。

在谈判中，如果遇到对方运用"惜字如金法"，最好的办法是不断地耐心发问、反复试探。如果对方不愿意针对谈判主题说话，我方可以提出谈判主题以外，且对方可能感兴趣的话题。以前文男生试图打探女生的个人信息为例，如果女生不愿意透露自己所在的院系，男生就可以询问："你这本外文书是哪里买的？""你们系规定要用这么贵的外文书吗？"来旁敲侧击，然后再把获得的信息碎片拼凑成全貌。

## 64 试探气球法

"试探气球"这一说法来自于西方的政治圈和媒体圈。最常见的情形是某位政治人物向媒体传达某种信息，在信息散布出去后，先观察公众对于这一信息的反应，再根据公众的反应采取下一步行动。这里散布出的信息就相当于"试探气球"。如果公众反应良好，就让这个"试探气球"成真，说明媒体报道是正确的，政府确实要做这件事；如果公众的反对声音很强，就让这个"试探气球"破裂，政府就说媒体报道失实，政府不可能去做这件事。可见，"试探气球"的优势在于，哪怕

这个气球破了,也不会造成太大的伤害。

在谈判中运用"试探气球法",我方可以通过**不断地提出某种试探性的提案或建议,来观察对方的反应,从而判断对方的态度是否足够坚决**。

比如,在买卖谈判中,卖方可以通过询问"要不要试试裤子"来试探对方的需求,通过询问"可以付全款吗"来试探对方的预算。同样,买方也可以通过询问"听说有折扣"来试探卖方对于坚持原价的强硬程度。如果卖方立即就拒绝了,不过只是"试探气球"破了而已,买方还可以继续提出别的提案。

再如,在家庭关系中,孩子经常会使用"试探气球法"。到了玩具店,孩子会根据价钱挑一个比较贵,但父母有可能会买的玩具。此时,孩子不会直接说想要买,而只是观赏把玩,如果妈妈说:"不可能哦,太贵了。"孩子就知道试探失败,就会说："我只是看看。"如果妈妈说："这是新玩具吗？以前没见过。"孩子就知道机会来了。

在谈判中，如果遇到对方运用"试探气球法"，我们可以搬出"唱盘故障法"来应对，坚定地说"不"，明确地告诉对方我们坚持的原则，让对方立刻停止试探。

## 小　结

要想在谈判中获得更多的情报，可以运用两种具体的战术：

一是**"惜字如金法"**：不透露或者尽量少透露我方的信息，以保护我方的情报；

二是**"试探气球法"**：通过不断地向对方提出试探性的提议，通过判断对方的反馈与态度，获取对方的情报。

综上，"惜字如金法"是保护我方情报，要让我方少说话；而"试探气球法"是探测对方情报，要尽可能让对方多说话。需要注意的是，如果谈判对手是我方还无法足够信任的，那么就更要保护好我方的情报，并且多探测对方的情报。在谈判初期尤需如此。

第十七章

# 施压战术

你死我活法
给你负评法
我要走人法
设定时限法

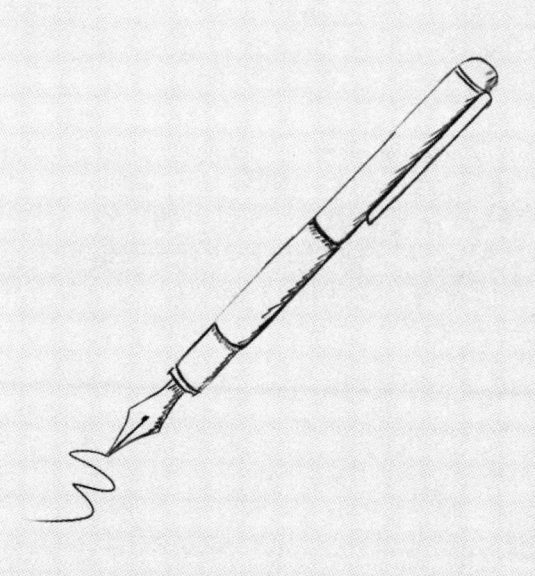

### 施压战术

在谈判中,通过给予对方有价值的东西来促成谈判,叫作施恩;反之,通过减少对方有价值的东西来进行谈判,就是施压。

"施压战术"其实是在别的手段都无效后,不得不采取的战术,因为施压容易让对方感到双方关系的不平等,从而伤害双方的友好关系。

---

本章介绍四个"施压战术":

你死我活法——以两败俱伤威胁对方让步

给你负评法——以负面评价换取对方让步

我要走人法——以离开谈判桌给对方压力

设定时限法——设置谈判时限给对方压力

## 65 你死我活法

"你死我活法"在英文中有一个更直白的名字叫作"Chicken Game",意思是"弱鸡游戏"或者"胆小游戏"。简单来说,如果对方不接受我方的提案,那么我方就会让双方一起毁灭。为了避免这种两败俱伤的结局,对方就必须选择我方的提案。因此,**哪一方更惧怕毁灭,哪一方就会先输掉这场你死我活的游戏**。

"弱鸡游戏"最早出现在1955年的一部好莱坞知名电影《无因的反叛》中,詹姆斯·迪恩扮演的男主角非常喜欢和人赛车,这个赛车比的不是速度而是胆量。两台车同一时间冲向悬崖,谁先跳车就算谁输,如果双方都不想成为先跳车的人,就会相互毁灭。这个游戏的恐怖之处在于，谁更玩命谁就能赢。

诺贝尔经济学奖得主托马斯·谢林，曾经举了一个非常生动的例子描述"你死我活法"。说的是如果两台汽车都是全速向对方直线冲去，眼看就要对撞了，其中有一台车子的车手把方向盘给拔了，并在对方眼前扔到车外去。这时另外一台车的车手只有两个选择，继续直行撞车，或者选择转向。所以，使用"你死我活法"的关键原则，就是做那个把方向盘扔到车外面去的人，让对方知道："如果你不退让，我绝对跟你一起毁灭。"

在企业谈判中，如果其中一方的谈判者表示："如果你不接受我们公司的提案，我们就立刻停止发货，虽然我们卖不出货也会受伤，但你们少了这个零件，就无法如期完工了。"这就是在运用"你死我活法"：哪怕最后两败俱伤，我也要你先让步。

在一般的人际关系谈判中，也可以使用该战术。比如，一对夫妻吵架，互相往窗外扔家中的贵重物品，这就是在使用"你死我活法"。如果双方都不让步，就会把家里所有贵重物品都扔出去，相互毁灭。

可见，"你死我活法"在一定程度上会招致十分可怕的结果。要破解"你死我活法"，就必须坚定地告诉对方我方是不会退让的："你狠，我会更狠。"并且更为重要的是，补充提出双赢方案，通过强调共同利益来软化对方的态度。但需要注意的是，一旦对方放弃使用"你死我活法"，千万不要追打或奚落对方，以避免起到相反的效果。

## 66 给你负评法

在之前的章节中，我们曾在让的战术中提到"做个口碑法"，通过给对方好评来换取对方的让步。"给你负评法"则正好相反，通过给对方负评来施压，让对方愿意让步。

在当今的社交媒体时代，每个人都有自己的自媒体，企业则更重视自己在网络上的形象和评价。如果我们的自媒体有一定粉丝，或者能够找到知名博主帮忙转发扩散，抑或在社交媒体上不断持续地发布关于对方的负评，就会给对方造成非常大的压力和伤害。就算你的负评没有公开发表，而只是写给对方看的"抱怨"，当达到一定强度时，同样也能产生效果。

在电影《肖申克的救赎》中，肖申克因为被诬陷而被关进了监狱。为了扩充监狱里的图书馆，肖申克就不断地给各个议员写信，写到最后议员们都快被他骚扰到发疯了，只好同意他的请求。这正是"给你负评法"的厉害之处，**只要有事实、有**

意愿、有声量或是够勤劳，"**给你负评法**"就会有效果。

如果遭遇到对方的"给你负评法"，首先要确认对方的负评是否属实；其次要判断对方的要求我方是否能够让步。如果对方说的不是事实，可以采取必要的澄清或法律行动，或者让步在可接受的范围内，那当然事情就能圆满解决。但如果对方的负评属实，但对方的要求是无法接受的，或者对方坚持要在社交媒体上曝光，我方也要相应地做好回应的准备。要记住负评是不可避免的，但可以用正面的态度去处理。如果第三方的旁观者在看完对方的负评后，能肯定我方的处理态度，甚至帮我方辩护，那负评的杀伤力也会减弱了。

# 67 我要走人法

简单来讲，"我要走人法"即如果对方不同意我们的提案，我们就走人。实际上，这一战术只是假装走人，告诉对方我要走人，但却走得很慢很慢，**用"慢慢走"来给对方施加压力**。

比如，在日常买卖的谈判中，我方只想花 20 万买某件东西，但对方一直坚持要 22 万，这时我方就可以起身慢慢离开，在离开的过程中说："不能 20 万吗？那我只好不买了。"从而继续去试探对方，也给到对方一些时间去考虑是否让价。如果对方这时叫我方回来，就代表他决定让步了，虽然不一定会直接让步到20万，但至少不会再按照22万来进行交易。

比"我要走人法"更狠的战术是"真的走人法"，即说走就走，用非常快的速度直接离开谈判桌。比如，一对男女朋友在西餐厅吃饭，在上菜之前女生问男生："你之前答应的生日礼物怎么没有买？"如果男生想反悔，女生就可以站起来直接就走。这时男生不仅要应对离开的女朋友，还要面对现场围观的群众。如果顶不住压力，他就势必会起身去追"真的走人"的女朋友，那么他就不得不让步了："好，我听你的，吃完饭我就给你买。你先回来吃饭好不好？"女生不仅可以获得原有的利益，甚至还可以再继续加码："现在买原来的我不要了，你得买更贵的。"

在企业谈判中，这个战术同样可以使用。如果谈判团队面对难度很高的谈判，就可以在谈判前约定好离开谈判桌的时机，如果拿不到想要的最低条件，就使用"真要走人法"。因为一群人一起离开谈判桌，比单人离开谈判桌造成的压力还要大得多。如果对方迫于压力说："回来坐吧，有话好商量。"这时，对方就不得不做出让步了。

如果对方运用"我要走人法"，我方不仅不能理会对方的施压，甚至必须反施压。比如，在对方说我要走了时，我们可以说："如果走了这个东西就没了。"或者说："那您先忙，但我要告诉你的是，这个价格还可能一直上涨。" 只有比对方更狠，才可能破解对方的"施压战术"。

## 68 设定时限法

"设定时限法"这一战术的原理非常简单，即设定一个谈判必须结束的时间。如果有一方比另外一方更想达成协议，这一战术就会起效。眼看设定好的时间就要到了，谈判即将结束，**更想达成协议的一方就会在时间的压力下，接受没有时限**

**时可能不接受的提案。**

如果我方得到情报：对方比我方更需要协议。此时，就可以运用"设定时限法"，并在时限快结束时提醒对方。

这个"时限"既可以是在谈判开始前的双方约定，也可以是在谈判中途临时的单方面决定。比如一方说："我临时4点钟有个重要会议，所以谈判必须在3:30分结束。"此外，时限不仅可以是双方或单方主观约定的，也可以是第三方客观存在的，比如谈判场地租用的时限等。

类似"设定时限法"，还有一种战术叫作"限时让利法"。这个战术不是设定谈判的时限，而是设定让利的时限。我方可以做出某种让步，但前提是对方必须在一定时间内接受我方的提案，时间一过我方不会再做出让步。

这一战术应用到商场买卖中，又被叫作"限时折扣法"，通过一定时间段内的折扣让利促成客户快速成交。相较于"设定时限法"到时间后直接终止谈判，"限时让利法"到时间只是终止其中让利的部分。

如果要破解对方的"设定时限法"，我方就要在谈判前，想好谈判终止的后备方案，更加从容地面对对方的压力，以避免向对方妥协，做出不该有的让步。

## 小　结

施压战术是在谈判中迫不得已而使用的，具体涉及以下四种战术：

一是**"你死我活法"**：如果对方不接受我方的提案，就采取两败俱伤的手段，迫使对方让步；

二是**"给你负评法"**：与"做个口碑法"相反，通过给对方负面评价、影响对方声誉的手段来威胁对方，迫使对方让步；

三是**"我要走人法"**：以离开谈判桌作为威胁手段，为对方施加一定的谈判压力；

四是**"设定时限法"**：通过设定谈判结束的时间，来促使对方在时间的压力下，做出有利于我方的决定。

其中，无论是"你死我活法"还是"给你负评法"，都是给到对方不想要的东西。前者是给重大伤害，后者是给负面评价。但需要注意的是，一旦对方不同意我方的提案，在必要的时候，我们就要将威胁变成真正的伤害。如果我们的威胁最后没有落实，就会在对方眼中变成英文里说的"Bluffing"，即装狠吹牛。切记不到迫不得已之时，不要轻易使用这两个战术，因为对方很可能不理会威胁，甚至会反过来伤害我方。

而"我要走人法"和"设定时限法"，则都是用离开谈判桌进行施压。但需要注意的是，谈判是双方的，一旦谈判终止不仅对方失去了达成协议的可能，我方亦然。如果在对方不理会我方的施压之后，我方没有真正离开谈判桌，就会使这两个战术不仅在当下，甚至在未来，都失去了效力。

## 第十八章
# 成交战术

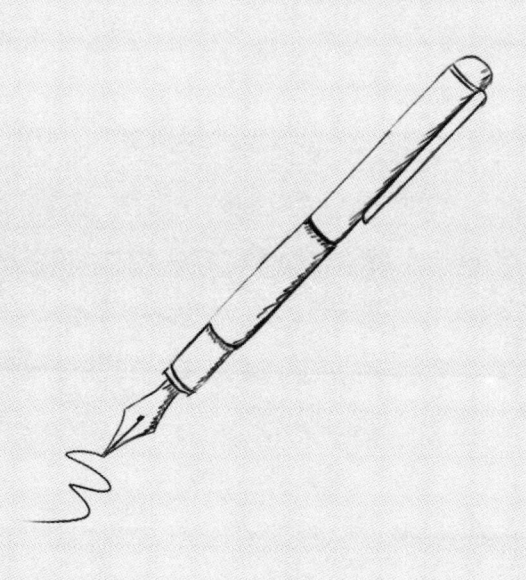

餐后甜点法
各让一半法
最后提议法
多个选择法

### 成交战术

在谈判进行一段时间后,如果双方的谈判没有中断,在大部分的议题上双方都能达成一定的共识,双方就容易达成协议了。

但如果对方"给的东西"与我方"要的东西"还有差距,或者对方不满意我方给出的提案,我们就可以使用"成交战术",让谈判从接近成交到完成成交。

---

本章介绍四个"成交战术":

餐后甜点法——多给一点,达成交易

各让一半法——分摊"差距",公平交易

最后提议法——最后提案,迫使交易

多个选择法——多个选项,促成交易

## 69 餐后甜点法

在前面的章节中，我们曾在"要的战术"中提出"多要一点法"，即利用成交前后的关键时间点，来向对方再多要一点。"餐后甜点法"则是与之相反的战术，即在接近成交的时候，通过多给一点来达成交易。

比如，我们告诉对方："如果你同意和我达成协议成交的话，我将会排除万难给你再争取一项好处。"本来我方的提案就是对方所需要的，**如果再加上一个好处，对方同意成交的可能性就会大大提高。**

在日常的买卖谈判中，许多汽车销售员都会告诉顾客说："如果你愿意成交的话，我的公司会给我一定额度的奖金，我可以把奖金的一部分甚至全部都给你。"这相当于变相给顾客折扣，但销售员绝对不会把"奖金"说成"折扣"，因为奖金必须成交才会得到。在商场中，我们也会经常听到卖方说："如果你愿意买，我就送你一个赠品。"这些都是"餐后甜点法"在实际生活中的具体运用。

在谈判中也会在出现这种情况：有些企业会对对方企业的谈判代表说："如果你愿意代表你的公司和我成交的话，我们公司会给你个人一点酬金，以示谢意。"但如果这种行为没有得到我方公司的允许，切记千万不要去吃这种"个人餐后甜点"。这时，最好且唯一能做的就是把个人的甜点转化成公司的甜点，告诉对方："这个酬金我不能自己拿，我必须让公司知道。"之后，再通过这笔交易的成交，从自己的公司获取奖金。

如果遇到对方运用"餐后甜点法"，大概率是因为对方对于成交的渴望高于我方。在谈判中，谁的成交渴望越高，谁就会处于劣势。因此，在面对对方使用这一战术时，我们可以回复称"这个甜点"不够大。这就相当于我方使用"多要一点法"，来让对方给到更多更大的"甜点"。

## 70 各让一半法

"各让一半法"就是通过分摊差距的方式达成双方的交易。如果双方之间的分配存在差距,其中一方就可以提议说:"就让我们在这个差距上各自让步一半,这样对双方都公平。"比如,在买卖谈判中,卖方要 22 万,而买方只愿意支付 20 万,这时,买方或卖方就可以提议说:"那就各让一半,21 万成交吧。"

双方在经过一段时间的谈判后,对于成交的渴望十分强烈,加之公平原则的难以抵抗性,**在双方差距已经很小的情况下,"各让一半法"这一战术通常都会起到效果**。

双方间的"差距"并不一定只在价格上,也可以在议题上。如果双方各有一个价值差不多的议题,此时让双方互相让一个议题,也能达到"各让一半法"的效果。

比如,在买车中,买方坚持的议题是"卖方要换上新轮胎",而卖方坚持的议题是"不能像买方所要求的那么快交货",这时双方互相让一个议题,就即"卖方同意换轮胎,买方也推迟交货的时间",就可以促成交易了。

要破解对方的"各让一半法",可以将对方所提议的"折半方案"当作是对方的"提案",再用这个"提案",继续使用"各让一半法"。以上文的买卖谈判为例,如果对方说:"我要卖22万,你想出20万,我们各让一步,21万。"这时我们可以这样回答:"不对,你是21万,我是20万,各让一步应该是20万5000元。"我们还可以继续使用"多要一点法"来抹去零头,对对方说:"你们这么大的公司也不差这5000元,把零头去了我们就成交。"如果确定对方的成交渴望已经非常高了,只要我们善于坚持到底,就非常可能获得对方的让步。

## 71 最后提议法

在谈判中,随着谈判的进行,双方能够让步的幅度越来越小,这时双方的差距也已经非常接近,无法再进行更多的让步。这时,其中一方就可以选择在某个议题上做一个让步,并表示:"这是我能做的最后一个让步了,这就是我的最后议题。"这时,让步的一方就是在向对方传达:"我已经不可能再做任何其他的让步了。"如果对方不愿意接受我方的最后议题,那谈判就只能以失败收场。

比如，如果卖方从开价24万让到了22万，买方从开口的18万提高到20万，这时双方的差距已经非常接近了，但同时双方也因为互不退让陷入了僵持的阶段。这时，卖方为了成交可以说："我非常愿意和你做成这笔交易，但我最后的底线就是21万了，如果你不接受的话，我只好说抱歉了。"

在英文中，"最后提案"又被称作"Final Offer"。"最后提议法"不仅是"成交战术"同时也是"施压战术"。如果对方不接受我方的最后提议，就代表我方会离开谈判桌。因此，"最后提议法"也要遵循"施压战术"的原则，敢施压就要敢坚持。但如果对方做出了其他的让步，并以此使用"你也让让法"，我们才有再让一些的可能，若非如此，就必须坚守住这个"最后提议"。

因此，**除非我们确定真的能够坚持到底，否则就不要轻易**

**使用"最后提议法"**。一旦使用这一战术，面对对方的"试探气球"，我们必须坚定地说"不"。

但如果是对方使用"最后提议法"，我方切记不要急于成交，而是先使用"试探气球法"，去试探对方是否真的能坚守住这个"最后提议"。只要在试探的过程中，对方表现出任何的不坚定，我方就可以继续坚持绝不让步。

## 72 多个选择法

在通常情况下，谈判接近成交却无法成交的原因，多半是由于存在一些对方希望我方让步的议题。这时，我方不需要选择全部让步，而是挑选出一部分可以让步的议题，通过排列组合，给到对方一些不同的选择。

继续以前文的买卖谈判为例，如果卖方坚持22万，买方坚持要20万，卖方可以说："好吧，我有两个方案，一个是22万让你分期付款，另外一个是21万但你必须付现金，这两个你选一个。"或者还有第三个选择："20万也不是不可以，但我不能给你赠品了，而且你必须全款现金交易。" 这时，卖方给到买方三个选项，是在告诉买方："无论你选择哪一个，我都愿意成交；一旦你选择其中一个，就表明你愿意成交。"虽然卖方给买方的选择是相对简单的，但买方却会因为拥有了可以选择的空间，更愿意去促成成交。

有趣的是，这时买方通常只会在卖方提供的选项里进行选择。这就好比如果一家快餐店的菜单上只有1号到5号餐，大部分的顾客都跳不出这五个选项，只会从中做出选择。

所以，**谈判高手会在"多个选择法"中暗藏"彼路不通法"**。虽然表面上是给对方提供了两个甚至更多的选择，但实际上除了那个对方必然会选择的"相对更好的选项"，其他的选项都只是陪衬。

此外，我方还可以选择屏蔽掉一些选项，不放在选项列表里，来促使对方选择我方想要的提案。比如，有一个小孩不肯去理发，如果只是让他选择是否要理发，他一定会选择否。但如果给到的选项是"可爱的姐姐来理发"和"凶凶的阿姨来理发"，他就自然会选择前者。

如果遇到对方使用"多个选择法"，比如对方给出的选项是A餐和B餐，我方就可以跳出对方的选项说："我要AB组合餐。"再如卖方给出"22万分期付款"和"21万付现金"这两个选项，买方就可以把选项中的优点进行组合，要求"21万分期付款"。此外，买方也可以搭配"自说自话法"说："你们这么大的公司，分期付款完全没风险的，你们怎么在这种事情上跟我们小顾客斤斤计较，你都同意21万了，同意分期付款当然也没问题。"从而为自己争取到更多的利益。

## 小　结

绝大多数谈判者都是带着对于成交的渴望，而走进谈判场的。

想要促成成交，可以参考以下四个具体战术：

一是**"餐后甜点法"**：在谈判接近成交时，看懂对方的成交意愿，通过对给予对方一点"甜头"，促成交易；

二是**"各让一半法"**：在双方差距很小的情况下，通过分摊"差距"，双方互相各让一步，达成公平交易；

三是**"最后提议法"**：在双方让步幅度越来越小时，通过最后的让步提出"最后提议"，来迫使对方让步；

四是**"多个选择法"**：通过挑选一些可以让步的议题，排列组合成两个或两个以上的选项，让对方从中选择，以便达成交易。

上述四种成交战术一定要在谈判的最后阶段来使用，过早

## 第十八章 成交战术

使用相当于双方还在做议题的交换，仍然是停留在谈判的阶段。经过一定时间的谈判后，双方的距离已经非常接近了，对于成交的渴望也会越来越强烈，此时再使用"成交战术"，会对成交产生事半功倍的效果。在通常情况下，谁先使用"成交战术"，就代表谁对成交有着更强的渴望。

具体而言，要想"成交战术"奏效，就要施以不同的方法。要想"餐后甜点法"奏效，自然"甜点"越大越好；要让"各让一半法"发挥作用，则双方差距越小越好；要通过"最后提议法"达成交易，就要坚持到底，并承担做好谈判破裂的准备；要使"多个选择法"促成成交，就要搭配"此路不通法"，隐藏起对于对方有利的选题，而多把有利于我方的议题组合成选项。

至此，本书72个谈判战术已全部介绍完毕。每一个战术，都可以当作是一支锋利的"矛"，在使用好自己的"矛"的同时，我们也要找到坚固的"盾"，来抵御别人的"矛"。也许有人会困惑："那到底是矛会赢，还是盾会赢呢？"输赢的关键在于能否有效地使用这些战术，以及是否拥有坚定的意志。当我们通过本书，了解到这些战术背后的原理，就可以在这场"矛""盾"之战中，拥有更大的胜算。

最后，笔者祝福各位能在以后的谈判中占据更大的优势，争取到更大的利益，让我们的谈判能为公司和个人取得更好的结果。

## 图书在版编目(CIP)数据

制胜谈判:72战术应对博弈困境 / 游梓翔著. —北京:中国友谊出版公司, 2019.12

ISBN 978-7-5057-4735-7

Ⅰ.①制… Ⅱ.①游… Ⅲ.①谈判学-通俗读物 Ⅳ.①C912.35-49

中国版本图书馆CIP数据核字(2019)第089532号

| 书名 | 制胜谈判:72战术应对博弈困境 |
|---|---|
| 作者 | 游梓翔 |
| 出版 | 中国友谊出版公司 |
| 策划 | 杭州蓝狮子文化创意股份有限公司 |
| 发行 | 杭州飞阅图书有限公司 |
| 经销 | 新华书店 |
| 制版 | 杭州兴邦电子印务有限公司 |
| 印刷 | 杭州钱江彩色印务有限公司 |
| 规格 | 880×1230毫米　32开<br>8印张　144千字 |
| 版次 | 2019年12月第1版 |
| 印次 | 2019年12月第1次印刷 |
| 书号 | ISBN 978-7-5057-4735-7 |
| 定价 | 45.00元 |
| 地址 | 北京市朝阳区西坝河南里17号楼 |
| 邮编 | 100028 |
| 电话 | (010)64678009 |